Hartmut Ronge

's Chrischtkendle kommt

Die Weihnachtsgeschichte auf Schwäbisch

W0415224

SILBERBURG

Hartmut Ronge ist vielseitiger Autor im Bereich Humor und Satire, Sachbuch, Mundart – und schreibt unter Pseudonym für unterschiedliche Verlage.
Der passionierte Hausschuh-Hasser, TV-Sportmoderatoren-Verbesserer, Toilettenpapierrollen-Richtigherumhänger, Nasenhaarzupfer und Adventskalender-vorzeitig-Öffner lässt sich schon seit vielen Jahren immer wieder zum 38. Geburtstag gratulieren – das hält jung.
Hartmut Ronge wohnt in Stuttgart und wurde bereits mehrfach von seiner Regierung zu Hause wegen besonderer Verdienste mit dem bronzenen Kehrwisch, der silbernen Einkaufsgugg sowie dem goldenen schwäbischen Spülmaschineneinräumpreis ausgezeichnet.

Sollte dieses Werk Links auf Webseiten Dritter enthalten,
so machen wir uns die Inhalte nicht zu eigen und übernehmen
für die Inhalte keine Haftung.

1. Auflage 2021

© 2021 Silberburg-Verlag GmbH,
Schweickhardtstraße 5a, D-72072 Tübingen.
Alle Rechte vorbehalten.
Umschlaggestaltung, Layout und Satz: Björn Locke, Nürtingen.
Bildnachweis: Umschlag: Freepik, sentavio/Freepik,
S. 9, S. 85, S. 95: Freepik, S. 39: sentavio/Freepik
Lektorat: Gertrud Menczel, Böblingen.
Printed in Slovenia by Florjančič.

ISBN 978-3-8425-2344-9

Besuchen Sie uns im Internet und entdecken Sie die Vielfalt
unseres Verlagsprogramms: www.silberburg.de
Ihre Meinung ist uns wichtig für unsere weitere Verlagsarbeit.
Senden Sie uns Ihre Kritik und Anregungen an: meinung@silberburg.de

INHALT

VORWÖRTLE

Fascht jeder kennt die Weihnachtsgschicht – von dr Maria ond ihrm Josef ond dem großa Wondr von dr Geburt vom kloina, butziga, ganz bsondra Jesuskendle.

Emmer an Heiligobend vor dr Bscherong wird des scheene, kurze, alde Textle gläsa – ieberall uff dr Welt en de Kircha ehrfürchtig von dr Kanzl ra oder gschwend dahoim en dr warma Stuab nach em Essa vor em gschmückta ond leuchtenda Tannabaimle. Dass mr au ja net vergisst, worom mr Weihnachta feiert ond wem mir den ganza Säga zom verdanka hen. Druff wird mitanandr gsonga: »O du frehliche« ond »Chrischtus dr Retter isch dâ.«

D' Weihnachtsgschicht hot viel zom verzähla. Dabei isch dees kloine Textle ja eigendlich bloß a Zammafassong von sellem Gscheha, was sich seinerzeit em gelobta Ländle so älles nachanandr zutraga hot – wo drzu au no 's allerbroiteschte Schwäbräisch gschwätzt worda isch.

Näba dr Kurzversion, wie mr se kennt, isch erscht kürzlich en ma alda Terrakodda-Töpfle die ausführliche Gschicht uffdaucht. Drom kâsch jetzt genau nachläsa, wie's wirglich war, wer mit wem en Händl ghet hot, wie des mit dem Engele ond em Heiliga Geischt bassiert isch, was sich älles uff dem langa Weg nach Bethlehem, mit dene Schôfseggl, de drei Schlauberger aus em Morgaland ond dem eifersüchtiga Herodes zutraga hot. Älles original aus allererschter Hand.

Beim Läsa viel Fraid ond viel Säga!

WER NET AN WONDR GLAUBT,
HOT VERGESSA,
DASS 'R SELBST OIS ISCH.

EILEIDONG

Friehleng isch's ond genau neun Monat ond zwoi Dääg bis Weihnachta. Die Bloama blühet ond bald fangt die trockne Jahreszeit â. Gerschte, Flachs ond Woiza sen reif zom Ernta.

Onser Gschicht spielt vor ieber 2000 Jahr midda em Heiliga Ländle. Sell isch gwieß – 's isch 's greeschte Ereignis aller Zeita.

En Rom herrscht dr Kaiser Auguschtus – ond für d' Provinza Judäa, Galiläa ond Samaria isch dr Keenich Herodes zuaschtändig. Die ganz Gegend wird streng von de römische Bsatzer regiert. Die hen älles onder sich ghet ond waret die Bschdemmer.

Aber de Israelidda hot's glangt, die hen gnuag ghet von dera Knächtschaft, von dr ganza Romkommandiererei ond dene Haufa fremde Vorschrifta ond Besserwisseraia. Die hen nach so langr Zeit endlich uff en neua gscheida Âführer ghofft – oiner, der se befreit, der's endlich amôle guad mit älle moint. Uff en Retter hen se gwartet ond emmer wiedr hählenga grufa: »Mir sen des Volk!«

Genau zu dera Zeit hot dr Hemmlvaddr a Idee. Jessesmariaundjosef, isch dees a Gschicht. Aber läset's am beschta selbr …

DR GABRIEL MUASS HERHALDA

's muaß so om kurz vor dreiviertel femfe gwäsa sei. Dr Gabriel wollt grad ens wohlverdiente Wochaend, als 'n dr Herrgott hot rufa lassa. Dr Erzengl war sein beschter Mâ, hemmlischer okündbarer Beamtr, Betriebsleitr ond Bote für bsondere Âglegaheita. Schnell wie dr Blitz ond brudaal zuverlässig.

Grad war 'r mit dr Kehrwoch fertig, weil em Hemml isch's die letschte Dääg hoch herganga – die neue Engl hen ihrn »Bätscheler of Sky-Administration« bschtanda. Ond nô hen se halt wie bleed gfeiert ond henderher hot's ausgsä wie Sau. Ond dr Gabriel war zom Butza eidoilt. Jetzt hätt 'r eigendlich Feierobend ghet, wollt sich a scheene kalte Halbe zapfa ond a Schdiggle Zwieblkuacha drzu verdrugga.

»Nix für oguad, Gabriel, aber du sottsch no gschwend für mi äbbes do. Dâ hock nô. I dääd mr gern amôl kurz a Zwoitmeinong eihola. Weil mir isch dâ äbbes en dr Senn komma …

Woisch ja, i ben zwar dr Greeschde, aber i zeig me halt koim – dâ ben i oiga. Drom sott i dronda uff dr Erd scho au äbber Feschts direkt vor Ort han. Seit i dr Adam ond d' Eva wega ihrm Ogehorsam boide aus em Paradies gschmissa han, sen die Menscha ja älle von Geburt â Sündr ond müsset am End sterba. Aber jetzt han i dr Dreh raus ond woiß, was i mach – weil jeder Oinzelne soll ja amôle en dr Hemml komma ond derf ewich läba.

I fend, dees mit dene viele sture Gsetz ond Vorschrifta isch doch älles nemme zeitgemäß, des hot sich ieberholt. Die Leut brauchet heut äbbes Menschafraindlichers: nemme so viele belaschtende, sondern eher befreiende Gebot' – äbbes, was se gern deen, weil's ihne oiner direkt vorläbt. Ond zeigt, wie's goht.«

Dr Gabriel hot wie en dr Schual dr Fenger ghoba ond wollt zwischanei au môl äbbes saga, aber dr Flattermâ isch oifach net zu Wort komma. Sein Kappo hot en oim fort emmer weiterglabert …

»Mei Ideele wär, i schick en Schdellverträter, der onda direkt nach em Rechta guggt ond de Leut lehrt ond inschdruiert, was se do sollet ond wie se sich zom verhalta hen. Mein Vize sott von kloi auf en echter Mensch sei aus Floisch ond Bluat, mit dem mr richtig schwätza kâ ond der oim verzählt, was Sache isch. Am beschta wär en Sohnemann mit älle Vollmachta. Kwasi mit Prokura. Ond dr sell wird dr Erlösr, durch den jeder en ganz direkta Draht nach oba hot – zu meiner Wenigkeit. Koiner kommt zu mir, zom Vaddr – dees goht bloß no ieber mein Sohnemâ. Was andre verzählet, isch gloga!

En Nama wisst i au scho: Mei Buale soll Jesus hoißa – dees bedeutet »Gott hilft«. Am End duad 'r älle Sünda von de Menscha uff sich lada ond garandiert, dass mr gwieß en Hemml kommt, wemmer ihn treu als Herr en seim Herza trächt.

Heidabimbam, i muaß me loba, dees han i mir aber scho guad ausdengt!

Außerdem sen ja älle Menscha gleich ond dr Jesus soll en Haufa Wonder do ond älle zeiga, dass i's ernscht ond bloß guad mit älle moin. Isch dees äbbes? Was moinsch, Gabriel? Ben i a Käpsele oder ben i a Käpsele?«

Jetzt endlich hot dr Erzengl a kloine Schnaufpaus verwischt.

»Willsch's also genau so macha, wie's en de alte Schrifta schdoht? Wie's scho die friehere Propheta emmer verzählt hen? Dass en Weltaherrschr kommt, der direkt vom Keenich David abstammt? Dass 'r en Bethlehem von 'ra Jongfrau gebora wird? Ond dass 'r sanftmüadig ond ohne oi oinzige Sünd isch?«

»Genau so wird's bassiera, mei Engele. Hosch aber guad uffbassd.«

»Dass 'r sich sei Läbdaag für älle Menscha uffopfert, von ma Fraind für dreißig Siberschdiggla verrôda wird ond kreuzigt wird ond begraba ond am dridda Daag uffschdoht von de Dode?«

»Hajo, awa. Genau so, Gabriel. Dr Jesus soll uff d' Erd komma, um 's Gsetz zu erfülla. Ond nô wird 'r später em Hemml an meiner Seit rechts neba mir throna. Von dr Erschaffung dr Welt bis grad isch's Alde Teschtament – ond jetzt fanga mrs Neue Teschtament â, en neuer Bund ond a neue Zeitrechnong durch Jesus.

Also, was isch? Semmer ons einig? I gugg, dass älles klappt mit dera Schwangerschaft – ond du duasch dr Muadr von meim Kend a klois Bsüachle abstatta. Weil die woiß ja no gar nix von ihrm Glügg. Brengsch des nô?«

Dr Gabriel war baff. Dees hätt'r jetzt au net dengt, dass älles so schnell goht. Widerschbruch war eh zwecklos. Aber er hot no äbbes wissa wella …

»Ond wie schaffsch des älles, Chef? Kâsch mr dees amôle verrôda?«

»'s isch scho gscheha – die Jongfrau isch gfonda ond die sell hot grad gladdweg dr Heilige Geischt empfanga. Des Mädle isch schwanger ond no völlig ahnongslos. Maria hoißt se. Woisch doch, Gabriel, wenn i äbbes denk oder sag, no isch's au grad scho bassiert. Dees goht bei mir oms Nomgugga mit ma Affazagga.

Ond jetzt: Engele fliiiag! Morga frieh flitzsch nonder, suachsch 's Mariele ond ieberbrengsch ihr die froh' Botschaft.«

»Die wird sich freia …!«

OH ARMS MARIELE

So isch also dr Erzengl Gabriel vom Herrgott nondergschickt worda en a Städtle en Galiläa, nach Nazareth: 987 Eiwohnr, 3 Metzgr, 4 Backstuaba, 6 Wirtschäftla ond 1 Abbodeeg. Ond jeder kennt jedn.

Om halber achte, glei nach em Uffschtanda, hot ’r dr scheenschte weiße biegelte Kiddl âzoga, seine lockiche Hoor zrechtzupft ond ’s goldne Notitzbiachle gschnabbt für sei spontans Bsüchle, wo ihm dr Herrgott ufftraga hot. Dr hemmlische Poschtbot war startklar. Uff a klois, schnells, hellblaus Wölkle hot ’r sich ghockt ond nô isch dr »Engl Force One« ruggzugg em Sturzfluag nondergsaust – direkt uffs Marktplätzle zu.

Oin Kilometer ieberm Boda hot ’r en Zwischastopp eiglegt. Ond weil der Kerle en rechta Honger ghet hot ond erscht no zwoi Floischkäswegga hot veschbra müssa, isch’s kurz nach neune worda. Babbsatt isch ’r am richtiga Häusle âkomma.

D’ Maria hot grad fleißig em Vorgärtle Okraut zupft ond aber scho a bissle aus de Augawenkl gmerkt, dass dâ mit oiner Wolk äbbes net ganz schdemma kâ, so schnell isch die nach onda blotzt. Schattich isch’s worda. Aber se hot sich nix weitr dabei dengt.

Als dr Engl gsä hot, dass d’ Maria ens Haus nei isch ond ganz alloi war, isch ’r niebergfloga ond hot vorsichtich ans Fenschtr klopft.

»Hallöle, guggugg … isch äbber dahoim?«

Jetzt isch se grad verschrogga ond hot fascht ihr selbst töpferts Lieblengswäsle mit de scheene, frisch âgschnittene Anemona falla lassa. Weil normalerweis schällt mr ja an dr Hausdier, wie sichs ghert, ond bogglt net hählenga an a Scheib – höchschtens mr hot äbbes zu vrheimlicha ond direkt onder vier Auga zom beschbrecha. Ond aber grad so wars.

»Griaß Gottle, Maria! Dr Herr isch mit dir! Soich dr net en d' Hoos, i ben's, dr Erzengl Gabriel. I komm von ganz oba. Dr Hemmlvaddr schickt mi, weil 'r di auserwählt hot!«

Die sell isch glei arg verschrogga, wo se die Schdemm gheert hot, ond hot sich denkt: Was soll mr dees jetzt saga? Dâ könnt ja jeder komma!

»Dua de net fürchta, Mariele«, hot dr Engl gmoint, »dr große Meischter hot di für äbbes ganz Bsonders vorgsä. 's isch so, du kâschs ja no gar net wissa: Bei dir schdoht nämlich a Schwangrschaft â ond du wirsch a klois Buale kriega ond sollsch 'n Jesus hoißa.«

Ihre Äugla waren no emmer zu, weil se sich net traut hot nomzomgugga. Drzu hot se d' Händ ieberm Kopf zammagschlaga ond em Hirn hot's âfanga rattra. Gschwend isch's em Zemmer mucksmäusleschtill worda. Aber dr Gabriel wollt's jetzt voll hender sich brenga …

»Woisch, dr sell wird amôle allmächtig sei ond Sohn vom Höchschta gnannt werda; ond Gott dr Herr wird em sogar dr Thron vom Keenich David gäba. Ond no wird 'r ewich ond drei Dääg herrscha ieber d' ganze Welt ond sei Reich wird koi End han. Ond jetzt kâsch deine Glotzbebbl ruhig uffmacha, i dua dr scho nix.«

Des arme, oschuldige Mädle war middlerweil fascht ohnmächtig worda ond hot jetzt vollends gmoint, 's traimt. Ond nô hot se a weng blinzlt ond nôguggt ond die scheene woiche Flügl gsä ond des frische weiße Gwand ond die lange blonde saubere Locka drzu – ond gwisst … oje, der moint dees ernscht … da kommt aber jetzt äbbes uff mi zu.

»Om dr Gottes willa, was bisch'n du für oiner?«, hot se grufa. »Verzähl mr nix, dees kâ doch älles gar net sei! I bin doch no Jongfrau, da kâsch dr Josef frooga! Dâ, gugg! Mir hen doch no gar nie … i war doch emmer âschtändig. Wie soll denn dees jetzt ganga?«

Ond nô hot dr Gabriel des Fässle uffgmacht ond älles verzählt … dass des Ganze en Spezialufftrag sei ond 's ja net sei oigene Idee, sondern ganz alloi uff em Mischt vom Herrgöttle gwachsa wär, weil der sich en Sohnemann ond Stellverträter uff Erda gwünscht ond drom dr Heilige Geischt dees älles für dr sell scho längscht erledigt häb … ond dr Käs eigendlich au scho längscht gessa sei. Se könnt eh nix meh macha – 's isch, wie 's isch.

D' Maria hot's z'erscht net recht glauba könna, aber 's war d' Woohret. Nachdem se sich en Schobba Weißwaischorle aus em Suddrä gholt ond a paar kräftige Schlügg gnomma hot, hot se sich uffgrapplt, kräftig durchgschnauft ond nommel genauer nachgfroogt, wie mr denn jetzt ieberhaupt ausgrechnt uff sie käm …

Ond nô hot dr Erzengl Gabriel gmoint, se bräucht ja bloß ois ond ois zammazähla.

»Du bisch auserkora. Bei dir hot eba älles basst. 's isch halt a Wonder!«

Ond grad so war's au – 's Mariele hot sich wirglich saumäßig gwondert. Kaum war dr Engl fort, hot se a Töpfle saure Gurka uffgmacht ond glei druff en Schogglaad ond zwoi Hereng gessa.

WIE ÄLLES NÂ WORDA ISCH

D' Maria hot no em Häusle von ihre Eltra gläbt. A saubers Mädle war se, fleißig ond rechtschaffa ond aber scho au no arg jong ond ledich – drom war se au no a Jongfrau. Se isch ma tapfra Handwerksbursch verschbrocha gwä; der hot Josef ghoißa ond hot grad sein Moischter als Zemmermâ gmacht ghet. Seine Vorfahra waret tatsächlich älle direkte Nachfahra vom groißa, beriehmta Keenich David.

Die Gschicht kommt also nô – dâ hot sich dr Herrgott scho genau die richtige zwoi rausgsuacht.

Kennaglernt hen se sich vor anderthalb Jahr bei ma Soggahopf uff em Wiesle hendr dr Grondschual. Ihre offene, fraindliche Äugla, ihre samtwoiche Haar ond drzu no des grazile Gschdell mit dene Kürvla am rechta Fleck sen em glei uffgfalla. Ond nô hot 'r vorsichtig mit ihr âbändlt ond sich traut, äbbes Bleeds zom saga – wie halt die jonge Leut so daherschwätzet.

»Hallo, i ben dr Jupp, däädsch du mi bhalda, wenn i dir bis dahoim nachlaufa däd?«

Dâ hot se erscht amôle gscheid laut lacha müssa. Gfalla hot 'r ihr nämlich scho glei, dr Josef, weil der war en stattlicher Mâ mit scheene Händ ond saubere Zäh'. Hählenga gfrait hot se sich au, dass sich endlich amôle oiner von de ältere Kerle für se entressiert, die scho ihr oigas Geld verdienet. Ond drom hot ’r mit ihr danza dürfa ond nô hen se sich dräht ond ananandr feschtghoba ond ’s Schwätza âgfanga ond emmer weiterdreht ond ’s ganze Dromrom vergessa – bis dr Leierspieler nach drei Schtond ausgleiert ghet hot.

Nô hot ’r se no brav hoimbrocht, bevor’s dongl worda isch. Ganz âschtändig, wie sichs gheert, sen se nebranander herdabbt ond am End hot ’r wie en Tschentelmän ’s Gardadierle uffgmacht ond se em Scherz gfrôgt: »Derf i uff a Maulschell mit ruffkomma?«

Mit oim Môl hot d’ Muadr d’ Dier uffgrissa, weil die hot die zwoi schnurstracks komma seha ond hählenga durch en Schpalt gschbigglt, was die dâ wohl so älles deen, ond war grad uff em Schbrong zom gscheid drzwischafunka. Aber scho war dr Josef wiedr auf ond drvo.

Ond nô isch ’s Mariele ausgfrôgt worda ond hot verzählt, dass dr sell en ganz guadr Fraind sei ond en schaffiger Handwerkr no drzu, der net bloß guad mit Holz omganga könnt, sondern au mit andre Werkstoff ond aber au a broite Schulter häb zom Âlehna ond scheene Händ ond saubere Zäh’ drzua ond dass se sich scho guad vorschdella könnt, dass der äbbes für se sei ond se sich koine Sorga macha bräucht.

D’ Muadr hot druff scho gwisst, wie dr Has lauft ond dass dees äbbes Ernschters werda könnt. Dr Vaddr war eh glei om dr Fengr gwigglt ond eiverschtanda, weil der hot ’n Josef net bloß vom Herasaga kennt, sondern ’s war von seim Fraind seim Vettr seim Schwagr sei Sohn.

Ond nô hot sich dr Josef dags druff vorschdella dürfa ond hot prompt en recht guada Eidruck henterlassa. Seinerzeit sen gern schnell môl Neegl mit Köpf gmacht worda – ond scho war die Sach gritzt. Am End hen ihre Eltra gmoint, dass so en Handwerksbursch ond Moischtr no drzu scho äbbes Rechts sei! Dâ sott se net lang fackla, der kâ scho a ganze Familie ernähra, dem könnt se ruhich ihr Herzle schenka.

Nô isch's no a paarmôl rom ond nom ganga ond mr hot gschwätzt ond schbioniert ond gfrôgt ond ausgfrôgt, bis mr älle Einzlheita gwisst hot. Am End hot 'r sich traut, beim Schwiegervaddr om ihr Hand â'zhalda. Ond wer hätt's dengt – uff oin Schlag waret se verlobt.

Dr Josef war ein rechter Schaffer, en Wuahler, en Hondertbrozentiger. Schnitza hot 'r könna ond säga ond feila ond nuta ond hobla ond nagla ond bäbba ond schleifa ond klopfa ond was mr halt sonscht no älles mit Holz hot macha müssa.

Abgholt hot 'n sei Mariele fascht jeden Daag nach em Schaffa – nô hen se älle zamma gveschbert ond d' Muader isch au nach em Essa emmer schee bhäb näba onserm goldiga Liebespäärle hogga blieba. Die alt Uffbassere hot eifach wella, dass die zwoi bis zur Hochzich âschdändig bleibet!

Ond wenn se môl wiedr uff en Schwoof hen ganga wella, nô hot's glei ghoißa: Pfeifadeggl! Ihr bleibet dahoim, der Schbass isch jetzt vorbei. Dr Ernscht des Läbens isch jetzt wichtiger!

Die zwoi hen sich scho arg meega.

Nach ma Jährle war's nô so weit – die Hochzichsmeebl waret fertig baut ond gnuag Aussteuer hot 's Mariele middlerweil au scho zammaghet. Drom hot dr Josef schnell no zwoi deire Reng bsorgt ond wollt am Wochaend zur Tat schreita …

WIE SAG I'S BLOSS EM JUPP …

Dr Josef war grad fleißig am Schaffa, am andra Ortsend, en seim kloina Werkstättle, ond hot sich denkt: »I frei mi uff mein Durscht heit Obend!« Plötzlich isch sei liabs Moggele en dr Diar gschtanda. 's Mariele hot's dahoim nemme ausghalda ond war oifach ogfrôgt zu ihrm Schätzle gloffa. Se hot net anderscht könna, hot oifach direktemeng zu ihm nôganga müssa ond älles verzähla – weil des Engele hot ja uff oin Schlag älles durchananderbrocht.

»Was duasch denn du dâ? Willsch me komma abhola? Du bisch fai viel z' friah!«

»Bloß gschwend a weng schwätza«, hot se gmoint.

»Aber i han doch gsait, dass heut sogar a bissle später wird, weil i no den langa Obendmahlsdisch fertigbrenga muaß. Den wellet doch die boide Rabbiner morga abhola.«

»I kâ doch au nix dafür! En dr Stuab vor de Eltra kâ i drs net verzähla … mir sottet a weng alloi onder ons sei.«

Z'môl isch dr Lehrleng uffdaucht.

»Wo warsch'n du jetzt wiedr? Du sottsch doch d' Rechnonga macha! I han drs doch schomôl gsait: 's Schreiba brengt 's Geld, net 's Schaffa! Aber jetzt gohsch trotzdem hoim ond machsch Feierobend – mir hen jetzt äbbes wichtigs Privads, des könnt länger daura!«

Weg war ’r. Dees hot ’r sich net zwoimôl saga lassa.

D’ Maria isch bloß dâgschtanda ond hot ens Leere gschtiert. Aber dr Jupp hot glei gmerkt, dass dâ bschdemmt äbbes net schdemmt.

»Du bsuachsch mi ja sonscht nie. Was guggsch’n so uffglöst ond so traurich? Isch äbbes bassiert? Bisch nâblodzd? Hosch dr wehdo? Isch dr ’s Breschdlengsgsälz zammakocht? Schwätz, Mädle! Was isch’n los? Komm, verzähl! Mir derfsch doch älles saga! I sott bloß bald an d’ Säg, mei Päusle isch glei rom.«

Ond nô hot se älles vom Stapl glassa – wie’s plötzlich bogglt hot ond ’s Engele dâgschdanda isch ond ihr gsait hot, dass se schwanger sei ond amôle dr Allergreeschte uff d’ Welt brenga dädd ond sie die Auserwählte sei ond er halt oifach jetzt dr Stiefvaddr drzu wär.

»Jupp? Schätzle? Hosch ghert? Du sechsch ja gar nix …«

»Was hosch gmoint?«

Dr Josef hot’s gmacht wie älle Männer, wenn d’ Fraua äbbes an se nâschwätzet: Z’erscht môl lächla, nigga ond hoffa, dass ’s koi Frôg war. Aber zuagheert hot ’r nadierlich net ghet.

»Jooooosef?!!! Also woisch!«

»Duad mr loid, Mädle. Kâschs bidde nommel saga?«

»I ben en andere Omschtänd!«

Ond nô isch der Kerle uffgwacht, aber richtig. 's Bluat isch nausgschossa aus em Grend ond granadamäßig bloich isch 'r worda. Baff war 'r. Ond total von de Sogga.

»Wie? Was? Han i richtig gheert? Ja schlag mi 's Blechle! Kadaschdrooof! Jetzt ka i gar nemme! Dâ ben i aber ziemlich ieberrumplt jetzt. Heidaneiaberau!«

Druff war's erscht amôle gschwend mucksmäusleschdill. Ond nô isch's a Weile hen ond her ganga.

»Josefle, mir kriaget a Kend. Mir bräuchtet dringend en Krippaplatz!«

»Machsch du Witz? Jesses!«

»Wirsch lacha – genau so sollet mr 'n nenna: Jesus! Dees hoißt ›Gott hilft‹«.

»Ond wie soll des ganga? Warsch aushausig? Hosch mi betroga? Wie hosch des fabriziert? Hosch mr äbbes zom beichta?«

»Ha noi! Uff gar koin Fall! I war brav ond treu ond emmer fromm! Ond ben ällaweil no a Jongfrau! Dees kommt von ganz oba. Schomôl ghert … Heiliger Geischt, Schbiritus Sanktus? Jetzt glotz net so bleed – i ben doch selbr verschrogga!«

»Komm, verzähl mr nix … so äbbes goht doch net! Dees kâ doch net dei Ernscht sei!«

»No net hudla – jetzt heer dr doch erscht amôle die ganze Gschicht â. I sag bloß, wie's isch. I han iiieberhaupt nix do! Ond gschbiert han i erscht recht nix, dees kâsch mr glauba!«

Ond nô hot se em Josef zom zwoita Môl die Gschicht uffdischt, wie's plötzlich bogglt hot ond 's Engele dâgschdanda isch ond ihr gsait hot, dass se schwanger sei ond amôle dr Allergreeschte uff d' Welt brenga däd ond sie die Auserwählte sei ond er halt oifach jetzt dr Stiefvaddr drzu wär, ond dass 'r am beschta sei Gosch halta sott ond sich sei Läbdaag om des Buale kümmra müsst, wie wenn's sein oigner Jonger wär.

»Du hosch leicht schwätza! Siehsch du dees älles net a bissle z' logger? Ziehsch mi da voll mit nei …«

Tränla sen gflossa ond 's Mariele hot laut nausplärrt ond Rotz ond Wasser gheult. Plötzlich isch a neugierige Nachbare en dr Dier gschtanda: »Ha, dâ isch aber äbbes bodda – hen ihr en Händl? 's goht oin ja nix ô, aber wissa sodd mrs scho!«

Die zwoi hen bloß gschwend scharf nomguggt. Nô hot se aber glei scho selbr gmerkt, dass d' Luft brennt ond se net uff a Antwörtle warta bräucht. Scho war se wiedr fort.

»Isch dees a Gschicht! Wenn dees äbber mitkriagt, ben i am Arsch! I han doch en Ruaf zom verliera. Ja, was denket 'n dâ d' Leut? Gugg se â, dâ lauft se, dem sei Verlobte hot a Kendle näbanaus gmacht, hot's net verheba könna. Die kâ doch net dâ wohna bleiba! Ond dem arma Kerle hot se Hörner uffgsetzt – der wird au koi andre meh fenda!«

Ond nô isch's em Mariele z' viel worda.

»Soll i wiedr? Willsch dei Ruah han?«, hot se gfrôgt.

»Ja, lass mi gschwend alloi ond gang hoim – i muaß mi dâ jetzt erscht amôl a weng neischteigra!«

Ond nô isch se zrigggroiflt ond der arm Kerle hot sich en sei Werkstättle eigschlossa. Dr Honger war gessa, aber er hot sich stattdessa etliche Woiza eiverleibt ond erschtmôl a Weile gar nix denkt. Driebernei isch's dongl worda.

Dr Jupp hot die ganz Nacht durchgschafft wie en Bronnabutzer. Ond dees war grad recht, weil so hot 'r sich gscheid ablenka ond abreagiera könna, ond des Uffträgle mit dem Obendmahlsdisch für zwelf Persona isch drom au bald scho erledigt gwä.

Älles, was recht isch

Om halber viere en dr Frieh war dr Jupp fertig mit dem Dischle ond mit de Nerva. Durchanandr war ’r, brudaal oleidig ond sauer no drzu. Sei Mariele hot Mugga gmacht ond er en de Schduhlboiner lautr Magga. Wie dees jetzt wohl ausgoht? Älles Meegliche isch em durch dr Kopf ganga. Ond emmer wiedr isch’s em hoiß ond kalt dr Buggl nondergloffa. Nachdem sein Balla a weng nachglassa hot, hot ’r wiedr versuacht, klare Gedanka zom fassa ond ’s ganze Für ond Widr gegranandr abgwoga.

»Dees, was die mir verzählt hot, kâ doch eigendlich gar net sei. Dees hot doch koin Wert net mit dera. Die legt mr womeeglich en zwoi Jahr nommel a Kendle ens Nescht. Oder secht se vielleicht doch d’ Woohret?

Bleeder hätts für mi jetzt aber au net laufa könna! Die mit ihrm jungfräulicha Schoß – ob dees tatsächlich schdemmt? Von wega: Älles Guade kommt von oba! Wahrscheins sott mr sich trenna. Aber weil mir ja scho fescht verlobt sen, wird bschdemmt des Mädle als Ehebrechere ausgstoßa ond womeeglich gschdoinigt. Ond i kâ mi au nirgends meh bligga lassa!«

Dr arme Jupp hot sich älles en de schlemmschte Farba ausgmôlt. Middlerweil hot ’r ’s zwoite Fläschle Semsakrebsler uffgmacht ond sich drâgmacht, die Magga mit ’ra kloina Feil auszumbessra.

»I ben scho arg am Zweifla, ob dees älles so recht isch, was dui dâ von mir verlangt. Aber i môg se halt scho granadamäßig gern leida, mei Mariele. Was soll i bloß do?«

Nachdem des Fläschle vollends leer war, isch 'r em Sitza eigschlôfa ond hot durchgratzt, bis die Rabbiner um halber elfe klopft hen, zom den Disch abhola.
's hot em traimt, dass sei Nebabuahler tatsächlich dr Heilige Geischt gwä isch, also dr Hemmlvaddr höchschtpersönlich dr Drahtzieher war. Ond dass 'r als Josef scho saumäßig wichtig sei ond genau dr Richtich no drzu ond a Verantwortung häb für sei âvertraute Maria ond für des Buale, damit's en Sicherheit ond ganz bhütet ond gsägnet uffwachsa könnt. Ond dass des Kend en großer Säga sei für d' ganze Menschheit. Des däd gwieß älles so bassa ond er häb drom au sei Plätzle em Hemml scho sicher.

Dees war a Wort!

Als d' Kundschaft wiedr weg war, isch em älles klar worda. Ond nô isch's em komma: »I ben doch koi Angsthäsle, koin Luuser! I ben en Gewenner ond han 's große Los zoga! Ja, genau so isch's – 's Läba isch halt koin Schlotzer. Ond i kâ doch mei Herzallerlieabschte oms Verregga jetzt net falla lassa. 's isch ja koi Niederlag – sondern i werd oifach zu ma Vorzeigevaddr mit älle Rechte ond Pflichta. Ond kâ mein Doil drzu beitraga, dass em Herrgott sein Sohnemâ gscheid bei ons uffwachst.«

Zom Middagessa isch dr Jupp wiedr beim Mariele uffdaucht. Kässpatza hot's gäba ond der Kerle hot sich richtig schee dr Ranza vollgschlaga. Babbsatt war 'r ond scho au a bissle miad. Druff hen se henderm Haus a langs Spaziergängle gmacht.

»Ond? Goht drs a weng besser? I kâ dâ fai echt nix dafür, Liabschter! Komm scho, Jupp. Denk an d' Weltgschicht – jetzt hangt älles bloß an dir.«

Ond nô hot se scheene Äugla gmacht ond a Zuggerschnut no drzu ond andre Sacha, wo dâ jetzt gar net dâ hergheeret. Uff jeden Fall isch dr Jupp am End woich worda.

»Also guad, Mariele, meinetwega, nô machet mir dees so. Aber wirglich bloß des oine Môl. Wenn des Gottes Wille isch … Mir bleibet zamma ond deen so, als ob des Kendle von mir wär. Aber mir müsset obedengt 's Maul halda, damit die Leut net schwätzet ond ieber ons herziaget. Dees muaß für emmer ond ewich onser Gheimnis bleiba!«

»Dankschee, Josef, i han's doch glei gwisst: Du bisch dr Beschde! Du bisch mein starker Rettr en dr Not. Ben scho arg froh, dass i di han!«

»Woisch, Mädle, i hätt di geschtern grad könna an d' Wand bätscha, so bleed ben i mir vorkomma ond so ôrecht isch mr älles gwä. I han's ja gar net recht glauba könna. Aber middlerweil isch mr scho klar, dass mir zwoi zammahalta müsset. Uff emmer ond ewich. 's wird scho so sei solla, sonscht wärs net so.
Mir gohts middlerweil grad so wie dir: z'erscht empfanga, nô schwanger, druff d' Geburt: I han die Gschicht von dir empfanga, nô ben i mit dene Gedanka schwanger ganga ond am End han i a ganz neue Sicht uff die Dinge

gebora – drom kâ i jetzt au richtig handla. Drom sag i dir ois: I ben drbei, mir machet dees jetzt so. Du hosch mei Wort!«

»Subber! Du bisch mei Mâ! Mei kloiner Held! I môg de saumäßig leida!«

»Dâ hosch recht, Mädle – i han gnuag glidda, aber jetzt hot's gschnagglt ond drom machet mir Nägl mit Köpf! Jetzt wird gheiert! Ond dees muaß jetzt aber voll gschwend ganga! Weil onser Kendle isch ja scho onderwegs …«

Ab jetzt waret se uff dr sichera Seit. On nô hen se's offiziell gmacht ond dr guade Josef hot am Samschtich bei ihre Eltra nommel richtig om ihr Hand âghalda. Om die Batsch von dr Jongfrau Maria – weil a Jongfrau isch se ja tatsächlich hondertprozend emmer no gwä. Ond drom isch dr Jupp au net en d' Bredouille komma.
Koim hen se von dera oglaublicha, wundersama Gschicht äbbes verzählt. D' Gosch hen se boide ghalda ond sich gfrait, was dâ für en reicher Säga uff dem Ganza liegt.

Dr Schwiegervaddr hot ihm nô no von Mâ zu Mâ a baar bsondre Ratschläg gäba: »Mr lernt anander net recht kenna, bis mr zamma aus oiner Schissl frisst. Sei emmer guad zu meim Mädle ond suach dr trotzdem au no en beschta Fraind, dass de au ab ond zu amôle a weng aushausig sei kâsch – ond, wenn's needich isch, für a Weile dei Ruah hosch. Ond denk emmer drâ, mein Liabr – a Weibrzong isch wie en Kuahschwanz, boide schtandet nia still!«

Druff isch d' Hochzich komma. Ausglassa waret se ond hen danzt ond sich dreht ond sich verkusst ond sich emmer weiterdräht ond die ganz Weltgschicht om se rom für a Weile vergessa.
Zur Feier des Tages hot's a gsonde, fettiche Hochzichssupp mit Grießklößla ond neigschniddne Gelbe-Rieba-Rädle gäba, ond als Hauptspeis en gscheida Rostbrâda mit ma schwäbräischa Grombierasalad, wo älles zamma uff em Deller en ma guada Sößle schwemmt – ond als Beilag a Schüssele Aggersalad drzu. Ond weil se hendanaus hen spara müssa, isch zom Drenka en Leidongsheimer Riesleng ausgschenkt worda.
Zom Kaffee hot die ganz Gsellschaft uff oin Schlag des riesagroße Hochzichsdördle verbutzt – a dreischdöggiche Schwarzwälder Kirsch.

A scheens Päärle sen se gwä. Ond dr Josef war ällaweil en guader Mâ – gehorsam, geduldig ond treu. Seit sellem Gschieß hot 'r au emmer a Lächla uff de Lippa ghet. Ond wo se 'n oimôl druff âgsprocha hot, hot 'r gmoint: »I könnt's net besser han wie mit dir. Du bisch älles für mi. Weil i di halt sooo arg môôg, mei Anmenâschlupferle! Komm her ond lass de drugga.«
Nô hot 'r ihr oin, zwoi, drei, ganz viele Schmatzer gäba ond hählenga ens Ohr neigflüschtert: »Du hosch's guad. Du hosch mi!«

So isch älles genau so nô worda, wie sichs dr Hemmlvadder ausdenkt hot, wie's scho en de alte Schrifta schdoht ond von de Propheta emmer verzählt worda isch.

D' VOLKSZÄHLONG

Guade vier Monat später isch Sommer gwä ond die Bloama hen blüht ond die Veegl hen gsonga ond sen en ihre Neschter ghoggt ond hen sich om ihre Jonge kümmert. Die kloine Täubla ond Sperleng ond Schwälbla ond Wiedehöpf hen piepst ond zwitschert ond zirpt ond d' Schnäbl uffgrissa ond uffgregt mit de näggiche Flügela gschlaga ond drom bettlt, dass ihre Väddr ihne irgend a klois heenichs Würmle en dr hongrige Grend stopfet. Abbetit, Durscht, Scheißerei ond Schlôfa. D' Veegl sen halt au bloß Menscha.

Warm ond lauschig wars. »Mariele, endlich brauch i koine lange Onderhosa meh!« Dr Josef hot an ällem a rechte Fraid ghet – an dr Nadur, am Schaffa, an ma gscheida Veschber ond nadierlich an seim allerliebschda Liableng.

Gwohnt hot onser Päärle seit dr Hochzich en dr Maria ihrm Elternhaus en ra kloina Eiliegerwohnong onderm Dach. Bald hen se ausziehä wella, weil drei Häuser weiter isch äbbes recht günschtig zom Verkauf gschdanda. Se hen sich schwer dafür entressiert ond sich scho älles en de scheenschte Farba ausgmôlt – wo 's Biffee ond die neu selbrbäschtelte Truh nâkommt, wo dr Essdisch schdoht, wo welche Debbich lieget ond wie rom d' Bedda uffgschdellt werdet.
Aber 's hot halt au gscheid äbbes koscht. Dâdrfür hot dr Josef von morgns bis obends gschafft wie en Bronnabutzer ond so hen se sich reglmäßig a paar Silberschdiggle zammagschbart ond en a klois Bixle glegt.

2307 Kilometer weiter em Nordweschta isch dr Kaiser Auguschtus uff dr Via Appia romdabbt ond hot seine Manna âgwiesa, dass älle Leut em Römischa Reich amôl zählt werda sollet – weil der Kerle hot gscheid Schdeira eitreiba wella. Dees isch die allererscht Volkszählong ierberhaupt gwä.
Dr Auguschtus war drzu no dr allererscht römische Kaiser ond en schlauer Mâ. Er hot ieberall vor Ort en seine Bezirk oigene Verwalter ghet, ond die hen omsetza müssa, was en Rom von de Großkopfete ausbaldowert worda isch.

En Syrien war oiner als Statthalter eidoilt, der hot Quirinius ghoißa. Ond dr sell isch deshalb au zuaschtändig gwä für Galiläa – ond dâ hot nadierlich Nazareth ond Bethlehem mit drzugheert. Der Kerle hot wie älle andre au gsagt kriagt, dass die Leutzählerei bis zom End vom Jahr fertig sei muaß.

Dr Quirinius hot sich hählenga dengt: »Boah, dâ han i jetzt aber eigendlich ieberhaupt koin Bock druff! I han doch schee Urlaub macha wella am See Genezareth!«

Sei Weib war a rechte verwöhnte Beißzang ond hot gladdweg ’s Jammra ond ’s Keifa âfanga: »I kâ nemme! Was verzählsch’n du dâ?! Ha, so en wiaschder Denger, der bleede Auguschtus, der bleede! Dem zeig i, wo dr Bardl dr Moschd holt! Jetzt frait mr sich ’s ganze Jahr uff seine wohlverdiente Feria, uff ’s faul Romliega en dr Sonn, uff ’s Schwemma ond ’s guade Essa ond Trenka ond möcht amôle wiedr gscheide, deire Gloidr ond a weng oneedicher Kruscht eikaufa – ond nô versauts oim so en Driabl aus em Hauptstädtle. Wega dem seine Hirnferz könnet jetzt mir ons net amôle a paar Dääg schee erhola! Dâ könntsch grad uff dr Sau naus! Was isch'n dees für en Sogga? Dem gang i an dr Kraga! Ha, so a Kuglfuhr!«

Die Zerferei hot em Quirinius jetzt grad no gfählt. »Du alder Blärrhafa! Heul doch no a bissle, nô brauchsch net so viel bronza! 's Gschäft goht halt vor, Mädle!«, hot 'r gmoint. Aber die Schäll hot des Schbässle en dr falsche Hals kriagt ond nemme uffheera mit Maula. Ond scho hen die zwoi en rechta Hendl ghet ond laut isch's worda ond nô hot se âfanga schugga ond zwigga ond kratza ond beißa ond alde Väsla ond deiers Borzellangschirr zom schmeißa ond zom Nachtessa hot 'r sich druff selbr äbbes macha müssa.

Ja ja, so isch's … a wiaschts Weib isch dr beschde Zau oms Haus! Ond weil dr Quirinius eh scho arg uffdräht war ond net hot schlôfa könna, hot 'r sich ieberlegt, wie mr dees jetzt wohl am beschta nâkriagt mit dera Volkszählerei.

A baar Dääg später sen scho ieberall em ganza Römischa Reich en älle Städtle ond au en de ällerkloinschte Flegga Däfela an de Rathausdiera ausghengt, mit neigritzte Nachrichta ond Infos zu dera ganz bsondra Volkszählong – ond drzu hen's no die Wirtsleut gsagt kriagt, dass se's au ja älle Stammdischbrüdr verzählet, wo bei ihne ei- ond ausganget. So hot's au dr Josef mitkriagt, weil der scho au ab ond zu emmer wiedr amôle zwischanei gschwend mit seine Fraind oin drenka ganga isch.

»Jeder Mâ, der em Römischa Reich läbt ond schafft oder bloß romhoggt, soll em Dezembr en sei Heimatstädtle ganga, sich regischtriera lassa ond sich en Schdembl abhola. Dr Kaiser Auguschtus möcht genau wissa, wie jeder hoißt, wo 'r her isch, wie viel Gschbarts, wie viel Sach ond Grondschdiggla ond wie viele Kendr jeder hot. Nehmet au eire Fraua mit – Schwangre zählet doppld. Stammbiachle mitbrenga net vergessa! Ond wer net heert oder z' schbäd drâ isch, wird gschdrooft!«

Drom muaß jetzt also au dr Josef, der scho sei ganz Läbdaag lang en Nazareth wohnt, zrigg en sei Heimatstädtle Bethlehem, zom sich erfassa lassa.

Ond nô isch 'r mit ma kloina Balla hoimganga, hot sich uff sei liabs, guads, schmusigs Mariele gfrait ond driebernei dees mit dera Volkszählong gladd wiedr vergessa.

MIR MÜSSET ZUR VERWANDTSCHAFT UFF BETHLEHEM

A Viertljährle später isch onser Päärle gmiadlich beim Obendessa gsessa. Linsa mit Spätzle ond Saitawirscht hot's gäba – sei allerliebschde Leibschbeis! Ond nô isch's dem Drialer eigfalla, dass se ja bis zom End vom Jahr uff Bethlehem müsset. Dâ hot der Dubbl vor lauter Schafferei ond Nachwuchssorga gar nemme drâ dengt ghet.

Jetzt, was do?

Z'erscht hot 'r seim Mariele a weng gschmeichlt, wie guad se kocha könnt ond wie schaffich se sei ond wie schee se emmer no ausseha däd ond was für a gladde Haut se häb, au om d' Schenkela rom. Ond dass ihr Kuglbäuchle scho so saubr rond isch ond dass 'r gern für se dâ sei ond se wirglich älles von ihm han könnt.

Dees hot se gfrait wie Bolle, weil so äbbes heeret ja älle Fraua gern.

Nô hot 'r se woich ghet ond ihr gschickt verzähla könna, dass 'r se eigendlich net bloß dahoim braucha däd, sondern dass se au amôle zamma a Weile aushausig sei sottet ond dass se trotz ihrer Schwangerei bald mitmüsst uff Bethlehem, dees wäret ja bloß 165 Kilometer ond dees könnt mr zamma guad en sechs Dääg schaffa.

Dâ isch 's Mariele schwer verschrogga.

»Was? Wie bidde? Han i dees recht ghert? Wann? Worom? Ond ieberhaupt! Du woisch aber scho, dass i en rechta Ranza han ond mir 's Schnaufa ond 's Roifla emmer schwerer fallt?! Was soll i denn dort? I kâ doch des Kend net onderwegs kriega!«

»Duad mr loid, Schatzamoggele ..., aber mir sen ja jetzt scho a Weile offiziell fescht zamma ond bald a richtige kloine Familie. Mach koi so Trara! Mir zwoiahalb müsset halt uff Bethlehem, weil doch dr Kaiser Auguschtus en Rom älle Leut en seim Reich zähla lässt ond wissa möcht, wer wo wohnt ond mit wem ond wie lang scho ond worom. Ond drwega müsset älle hoim zu ihre Verwandte – jeder dâ nô, von wo 'r halt her isch.«

»Dees isch fai sauweit, Kerle! Ond drzu no en meim Zuastand! Mit Sagg ond Pagg ond Kendersach! Ond Verpflegong. Ond z' Fuaß! Seit wann woisch'n du dees?«

A Schlaule wie 'r war, hot'r die Frôg absichtlich ieberheert ond isch gar net druff eiganga, sondern hot ihr oifach a Töpfle Anemona ond a schees, neus, selbrgschnitzts Rengle aus Olivaholz en d' Hand druggt. Scho sen ihre Mundwenkl wiedr nuff!

»Mach de logger, Liableng. I kümmer mi um älles. Mir müsset fai morga scho los, sonscht langt's nemme!«

»Omdrgoddeswilla, Jupp! Nô muasch aber fai nôre macha!«

»No langsam, Mädle, wenn's bressierd, sott mr net hudla!«

Ond nô hot dr Josef hählenga aus em Sammelbixle henderm Küchaschränkle a paar Silberschdiggle abghoba, isch zom Schuschter dabbt zom Schlabba neu besohla, hot a paar Gugga Dattla, Zibeeba ond Nussa als Wegzehrong eikauft ond a weng Gaulbalsam als Wondsalb glei mit drzu.

D' Schwiegermuadr hot em a paar woiche Dreieggsdiachr fürs Kendle zom warm eiwiggla eipackt, aber der Schlaule hot se erscht amôle als Tragsäggle om d' Schulter gnomma ond dr ganz Proviant dren nei do. Am End isch'r no gschwend beim Baur oms Eck a klois Esele bsorga ganga – ausglieha für »allerhöchschtens drei Wocha« zu recht günschtige Kondiziona: Für a gscheits täglichs Fuadr hot 'r sorga müssa, ond wenn se wiedr dahoim sen, kriagt dr Bsitzer en neua langa Handlauf aus ma scheena alda Zypressaholz vom Keller bis en dr erschte Schdogg nuff.

Obends hen se nommel gescheid gveschbert – hausgmachte Mauldäschla en dr Briah mit ma guada, schlonziga, lauwarma Kartoffelsalaad.

»Wer woiß, wemmer wiedr so äbbes Guads kriaget!«

Am nägschda Morga hot sich also, wie viele andre Leut au, dr Jupp aus Galiläa aus em Städtle Nazareth nieber ens jüdische Ländle nach Bethlehem uffgmacht. Mit ma stura, bockiga, graua Esele ond seim emmer no leicht grätiga schwangra Mariele. 's waret halt scho bsondre Omschtänd …

SO A DABBEREI

Z'erscht isch's a weng südlich ond nô nach Südoschta ganga. Wüscht wars en dr Wüscht. Drogga ond staubig. Buggl nuff ond Buggl na. Gloffa, dabbt, groiflt, dribblt, gstolpert ond gschlurft sen se – emmer wiedr waret die Weg anderscht – môl grad, môl gromm, môl sandich, môl voller Schdoiner. Ond a Bollahitz hot's ghet.

'S Mariele isch bald scho uffs Esele nuff, dees hot gscheid gwaggld ond gautscht – ond dr Josef hot drfür 's Gepäck traga müssa. Der Esl. Hätt'r halt bloß zwoi meh von dene Viechr bsorgt …

Femfadreißig Grad ond kaum Schadda. Dâ kriagsch Zuaschtänd – ond ganz schee en Durscht. Zom Glügg sen se emmer wiedr an Brünnela ond kloine Bäch vorbeikomma, wo se hen wiedr ufftanka könna. Vier Litr am Daag hot scho jeder logger braucht, dr Störrige hot en dr halba Zeit sogar 15 Litr gsoffa.

Onsre zwoi Gsägnete sen nach drei Dääg em Jordantal an ma Schnellimbiss vorbeikomma. Oin Disch ond femf Schdiahl. Ond bloß gsonde regionale Sacha. Ond weil se so en granadamäßiga Hongr ghet hen, hen se sich a Schdiggle Floisch gönnt – dees war ganz kloi ond fai gschnidda en ma offena Fladabreedle dren. Drieber hot mr a Löffele Sauerrahm mit Knoblauch kippt ond no a paar Salatbläddla ond frische Zwieblreng mit drzua neigschdopft.

So äbbes hot's dahoim net gäba. A bissle z' lang uff em Grill isch's gläga ond a guade Brâdasoß war au koine drbei. Aber dr Hongr treibts nei ond dr Geiz bhälts onda!

Gschdärgt sen se weiter ond langsam isch die Lamentiererei emmer meh worda. Koi Wonder, weil des Kendle emmer meh sich hot âfanga bemerkbar macha ond gschdrambld hot ond do – ond drzu isch no die Müdigkeit komma ond die Krämpf ond ällaweil bloß die Katzawäsch am Morga. Em Mariele hot's oifach glangt.

»Was jammersch denn so, Mädle? Was bruddlsch denn so vor de nô?«

»Ha, so en langer ond bschwerlicher Weg! Dees han i jetzt drvo! Gugg dr dees amôle â! Jetzt werd i aber langsam bees!«

Nô hot se uff ihre staubige Haxa zeigt mit de viele Bläsla an de Zaia ond an dr Fers ond dr Jupp hot ihr glei d' Schühla ra ond vorna die ganze Kupp abgschnidda ond bloß no oi Bändele schdanda lassa wo am großa Ongl ruffkomma isch, sodass se die Schläbbla net hot verliera könna. Dâ konnt se nô wiedr subbr dren ladscha ond bei jedem Schrittle hot mrs z'erscht heera »flip« ond nô »flop« macha …

»Worom müsset mir ausgrechnt uff Betlehem? Hätt dees net woanderscht au sei könna, wo mr sich uffschreiba lässt? Dees hättet die Römer doch nâkriega könna, die sen doch normalerweis eh älle Organisationsweltmoischdr!«

»Oh, Mariele, mr muaß scho dâ nô zrigg, wo mer gebora isch. Ond weil meine Ahna au älle von dort her sen – du kâschs ahna – ben i halt genau dâ au uff d' Welt komma. Außerdem isch dees fai en ganz beriehmter Ort: Dort isch nämlich 's Bäta erfonda worda – drom hoißts ja au Bät-lehem.«

Dags druff sen se durch Jericho komma. Älles piggobello uffgraimt. Koine Schdoiner uff de Schdrôßa, koine eigfallene Stadtmaura, älles wie neu! Jeder hot sei Kehrwoch gmacht, dees war a saubre Sach. 's isch halt scho schee, wenn's a weng schee isch! Ond schee schaddich.

Nô hen se dr Esl âbonda ond sich gschwend für a Weile trennt zom äbbes bsorga. Wo dr Josef grad staunend durch dr Baumarkt gloffa isch, statt saure Kuddla mit Laugawegga zom kaufa, hot 's Mariele a Schildle gläsa, dass d' Hebamm Preßmar zwoiahalbschtöndiche Geburtsvorbereitongsschnellkurs âbietet. Grad zom Bossa hot se sich âgmeldet – ond aber ihrn Göttergatte au glei mit drzu. Druff hot se nô uff em Basar a paar Strampler ond Wendla âguggt (»Wär dees rondergsetzt? Was däd'n der Bäddl koschta?«) ond hot hählenga en sich neiglacht, weil dr Jupp dâ jetzt hot mitmacha müssa.

DR GEBURTS-VORBEREITONGSKURS

Uff em Boda waret lautr Debbich gläga. En ma Stuahlkreis sen se ghoggd, bloß ohne Schdiahl, dr Bobbes uff dünne Strohmadda ond d' Fiaß en Wollsöckla nebanaus em Schneidrsitz.

Älles Meegliche hen se verzählt kriagt – so viel hosch dr gar net merka könna: massiera, bugga, schdregga, knuia, stützа, drugga, dehna, zähla, reiba, schnaufa – ond verheba, bis so weit isch. Drzu no, was für Tinktura, Tröpfla ond Sälbla am beschta helfet ond wo mr se am Ranza ieberall nâschmiera sott.

D' Klara isch dâgsessa mit Zwelleng em Bauch, d' Sarah hot fescht uff a Mädle ghofft, d' Esther war scho 55, d' Rahel war sich gar net amôle sichr, ob se ieberhaupt schwanger isch, ond d' Hannah hot dr Vogl abgschossa mit Vierleng henderm rausdruggda Bauchnäbele. Dees war vielleicht en Trupp!

Dr Josef war dr oizig Kerle, der mit nâghoggt isch beziehongsweis em Mariele z'liab mit nâhogga hot müssa – die andre Männer sen voll glangweilt bei ihre Viecher romgschdanda ond hen d' Zeit totgschlaga mit ma frisch zapfta Bronnawässerle, Zigarettleszuzereia ond ma Maul voll Sonnabloamakern ond Zibeba.

»So äbbes machet mir doch net! Mir machet Kendr – aber mir bereitet doch koine Geburta vor. Schnaufa ond drugga müsset die scho älle selbr! 's isch ja au no kois drennablieba …!«

Aber onser Josef isch trotzdem uff em Debbich blieba. Dapfer hot 'r mitgmacht. Miad war 'r. Hongr hot 'r ghet vom lautr dicke Bäuch gugga ond dera âdauernda Romwerglerei. D' Kuddl isch em rausghängt ond d' Arschbagga hen wehdo. Prompt hot 'r wiedr amôle völlig falsch ond arg omschtändlich an sei kuglronde bessre Hälft nâglangt.

»Komm, schdell de net so â, du alder Gsälzbär!«

's Mariele hot'n ganz schee hergnomma ond sich gern oft amôle gscheid lupfa lassa. Ond die Hebamm hot zwischanei mit ma kloina, ausgstopfta Leina-Püpple vorgführt, was dees für a oglaubliche Leischdong von de Schwangre isch, wenn se dr plärrende Nachwuchs uff d' Welt presset. Hählenga hot se en dr Paus de Fraua verzählt, dass es – wenn's so weit isch – eigendlich vollkomma egal sei, wen se en sellem Moment zammaschreiet ond d' Händ verdrugget …

Nô isch's weiterganga mit Massiera, Bugga, Schdregga, Knuia, Stütza, Drugga, Dehna, Zähla, Reiba, Schnaufa ond Verheba. Am End hot dr Josef gar nemme gwisst, wann, wie ond worom wo nâlanga. Er hot vor ällem ois glernt, nämlich dass Troggaübonga nix brenget ond mr em Ernschtfall eigendlich eh kaum äbbes anders do kâ als domm romschdanda ond zuagugga. Aber ois isch em klar worda: So langsam wird's ernscht!

Nach zwoiahalb Schtond sen zwoi miade Gschtalta mit Kreizweh ond Krämpf ond ma stura, bockiga Esele am Horizont verschwonda.

Am nägschda Daag hen se die letschte 30 Kilometer vor sich ghet ond sen en ma kloina Boga om Jerusalem rom. 's Mariele hot schier gar nemme könna, weder gscheid laufa noch dabba, roifla, dribbla, stolpra, schlurfa oder reita – die arm Jongfrau war fix ond fertig mit dr Welt.

»Bald semmer iebern Berg, Schätzle. Onser langer ond bschwerlicher Weg hot bald a End. Komm, verheebs voll! Hosch au en gscheida Honger? Jetzt kehret mir erscht nommel schee ei ond gönnet ons en guada Schwäbräischer Wurschtsalat mit Lyoner ond Schwarzwurscht ond Käs ond frische, saftige Zwieblreng, en ma saura Gurkawässrle âgmacht. Wirsch seha, nô lauft's voll wie gschmiert!«

Gesagt, getan.

Nô hen se bei ma alteigsessena Landmetzgr haltgmacht ond dr beschte Wurschtsalat kriagt, wo se ihr Läbdaag verschmeggd hen – mit Lyoner ond Schwarzwurscht ond Käs ond frische, saftige Zwieblreng. Am End hot sogar au em Josef dr Ranza gschbannt.

Ond nô isch's mit zwoi dicke Bäuch uff Bethlehem zuaganga.

HERR BERGE HOT KOI BETT MEH FREI

Am frieha Nachmiddag isch d' Maria mit dem Kendle em Bauch uff em Esl durchs Stadttor von Bethlehem gridda – ond dr Josef hot zur Feier des Tages a Gosch voll Eslsmilch gsoffa. Nô hen se sich druggd ond Küssle gäba ond arg gfrait, dass se die Schinderei älle zamma guad ieberschtanda hen. Scho hot's bei boide em Onderleib a bissle zoga; dr Josef hot uff dr Abe müssa ond bei dr Maria hot die erscht Wehe eigsetzt.

»Ha, dees isch aber môl en scheener Flegga! Ond die viele Leut …!«

Voll isch's gwä em Städtle mit lauter Auswärtige. 's war a rechte Druggedse. Älles Bsuachr, die zrigg sen en d' alde Hoimat von ihre Ahna. Älles Kandidata, wo mr zähla hot müssa. Älles Leut uff Wandrschaft. Ond älle hen se Hongr ghet ond Durscht ond äbbes zom Schlôfa braucht – manch oiner isch bei dr o'gliebta Verwandtschaft onderkomma.

Em Jupp seine Leut hen ihre private Zemmer scho älle vermietet ghet, die waret voll bis onders Dach. In jedem Eckle isch a Matratz gläga. Mr hot ja net wissa könna, wann der Kerle uffdaucht – außerdem war mr sich scho längre Zeit wega so 'ra bleeda Erbsach nemme ganz grea. Also hot dr Josef besser Abstand ghalda ond wollt wega dem ganza Händl eh ganz woanderscht nô.

Z'erscht sen onsre »Zwoi ond a half men« schnurschdraggs zom Rathaus dabbt, wo se sich hen schätza lassa. Ganz am End hen se en oine von drei Schlanga schtanda müssa – aber 's war wie emmer grad die falsch, weil bei de andre zwoi isch's viel flotter ganga. Prompt isch die nägschd Wehe ruffzoga.

Am Amtsdischle âkomma, hot nô dr Schreibr offiziell älles ieberprüft ond notariell feschtghalda, dass dr Josef au dr Josef isch, das sein Vaddr Jakob hoißt, seine Vorfahra älle aus Bethlehem sen, dass 'r seit a paar Monat dr Bräutigam von 'ra gewissa Maria isch, dass 'r en Nazareth wohnt, als Zemmermâ schafft, was 'r en ma Jahr so älles einemmt, ond 'n au gfrôgt, ob em sonscht no äbbes gheert – Viecher, Wohnonga, Ländereia, Sach oder en Haufa Gschbards. Druff hots a kloine Pergamentroll gäba mit ma Schdembl druff ond em Bändele dromrom ond dr Käs war gessa.

»Ond wega dem Babierfetza der ganze Uffwand? Deswega hot mr ons herzitiert? Herrschafd Seggsr! So en Indelligenzbolza, der Auguschtus mit seine Manna! So – ond jetzt däädsch mr môl gschwend dr Buggl massiera, i glaub, des Kendle mâg bald raus!«

»Mach koine Fisematenta, Mariele! Verheeebs!«

Jetzt isch em Josef angscht ond bang worda. Nadierlich hot 'r nemme recht gwisst, wie mr jetzt dâ am beschta nâlanga muaß ond was für a Massaasch die richtig' wär. Älles vergässa. Älles verdrängt. Vor lautr Uffregong. Ond weil se net nachgeba hot, sen bloß a paar oifache, o'gschickte Handgreiflichkeita drbei rauskomma.

»Ond wo schlôfet mir die nägschde Dääg? Wo kâ i des Kendle uff d' Welt brenga? Mir brauchet a gscheids ruhigs Plätzle. Also mir dääd scho äbbes Oifachs langa – a scheene Herberg mit oim Schdern ond ma gscheida Friehschdigg!«

Ond nô hot 'r sei hochschwangers Fraule an ma schattiga Mäuerle nâhogga lassa ond isch loszoga.

Z'erscht isch dr Josef zu ma ganz schmala Häusle, des war so kloi, dâ guggt beim Krautwicklbrôda dr Pfannastiel zur Hausdier naus. Zwischa zwoi Klingla isch a Schildle bäbbt: »Schellet se net an sellra Schell, sell Schell schellt net. Schellet se an sellra Schell, sell Schell schellt.« Ond nô hot 'r gschellt ond a alds Fraule hot uffgmacht ond nô hot 'r gfrôgt, wie viel a Zemmer koscht, ond isch verschrogga wega dem brudaala Preis.

»Oha, dees isch aber arg. Könnt mr dâ no äbbes macha? Nix Billigers hen Se net?«

Ond weg war's – scho hot's en andrer gnomma.

Bei de Feriawohnunga David & Goliath hot's glei an dr Dier ghoißa: »Haxa abbutza ond koine Dabbr macha – mir hen frisch bohnert! Ond leider isch scho älles belegt. Wahrscheins wega onsre Schleudrpreise!«

Aber dr Josef hot's tapfer weitr probiert ond als Nägschdes beim Gasthof Arche ans Fenschtr boggld.

»Griaß Gottle! I breicht a Zemmer für zwoi bis drei Persona – mei schwangrs Fraule ond mi. Hättet se dâ äbbes?«

»Ich habe Sie leider nicht verstanden, guter Mann – wir sind nicht von hier. Wir können alles, außer Schwäbräisch. Könnten Sie bitte etwas deutlicher und langsamer sprechen?«

»Guad, nô versuacha mrs amôle uff Hochdeitsch: Ainen scheenen Tag tu ich winschen. Häben Sie für uns zwei boide vielleicht ein scheenes Zemmer zom Iebernachten, wo net ganz so deier ischt? Mir täten scho au ein paar Tage bleiben wöllen unt gerne ein Kind bekommen unt kennten auch älles em Voraus bezahlen.«

»Aha, mein Lieber, ich verstehe. Aber mir fällt gerade eben ein ... das letzte freie Zimmer ist tatsächlich schon reserviert. Wir sind leider vöööllig ausgebucht! Tut mir sorry, unser Gästehaus ist komplett vermietet!«

Au en dr Pension Efrata, em Hostel Dreieinichkeit ond sogar en dr Jugendherberg Abraham hot's ghoißa: Mir sen voll. Ieberall hot's Absaga ghaglt. Koi Chance uff a Bettstatt. 's war wirglich zom Kenderkriaga! Dr arm Jupp hot schier en Vogl kriagt – weil nirgendwo meh a Nescht frei war.

D' Maria hot die nägschd Weh' verwischt. Ond scho isch ihr bessre Hälft oms Eck komma ond hot verzähla müssa, dass nix, aber au gar nix klappt hot – ond nô hot 'r aber glei ohne Luftschnabba en oim Zuag gmoint, dass 'rs halt jetzt scho besser fenda däd, wenn se beim Frôga an dr Dier zu zwoit wäret wega dem Mitleidseffekt, wo's gäb, wenn halt so a schnaubnds schwangers, fromms, uffblähts Fraule mit ganz traurige Äugla fraindlich vor em Vermietr schdanda däd.

Plötzlich hot a jongs Bürschle gmoint, dass se's môl zwoi Häuser weiter probiera sottet. Uff em selbrbäschtlta Salzdoigschildle isch Seitabachl gschdanda.

»Woisch, Mariele ... Zemmer hemmer kois. Aber a guads Müsli könnt i euch verkaufa! Leggerleggerlegger!«

»Noi, dankschee, i kâ grad koi Verschtopfong braucha, em Gegadoil!«

Ond prompt isch wiedr so en brudaaler krampfiger Bauchschmerz komma, ond nô hot se gmerkt, dass se nôre macha müsset ond dass jetzt wirglich femf Minuta vor zwelfe isch.

Dr Karle, en Fraind voma Fraind voma Bekannta vom Nachber seim Bäsle, hot aber no en hoißa Tipp ghet. Ond tatsächlich ... em allerletschta Häusle uff dr andra Seit von Bethlehem hot oiner gwohnt, bei dem sen se tatsächlich en ihrer Not no onderkomma. Dr Herr Berge hot ihne a Plätzle en ma Stall âbodda – für zwoi Persona, ohne Klo, offas Feuer verbota, ond a kaschtrierts Viech als Mitbewohner. Des hen se dankbar âgnomma ond dr Esl neba dr Ox an dr Pfoschda âbonda. Die zwoi hen sich glei guad verschdanda. Dr Herr Berge hot zur Stärkong no an Beug Budderbrod mit Breschdlengsgsälz vorbeibrocht – des hen se zamma mit Hochgenuss verbutzt.

Mr glaubt gar net, was in oin neigôht, wemmer langsam duad ond en andrer zahlt ...

'S CHRISCHTKENDLE KOMMT

Onsre zwoi Hauptdarschdellr hen vor Ort glei z'erscht môl a paar Kischtla zammadrapiert, dass se a klois Dischle ond zwoi Schdiahl ghet hen. Daneba hen se en kloina Strohhaufa zammagschoba ond a große Deck drieber ausbroitet ond so hergrichtet, damit se's einigermaßa bequem ghet hen zom druff nâschdragga ond schlôfa. Direkt neba de Viechr war's halt am wärmschta. Sauber gschdonga hots, aber schee heimelich wars ond fascht scho au a bissle romantisch.

Drzu hot onser fleißger Zemmermâ no des Fuadrkripple vom Ox stibitzt ond a gschickts Kenderbettle draus bäschtlt – hot's mit ma großa Beug Heu ausgschlaga ond obadruff a schees woichs Schôffell drapiert.

»Josef, i glaub, bald isch's so weit … dâ, lang amôle nô!«

»Brudaal. Jetzt, wo i so meine Händ uff dei Bäuchle leg ond des Kendle spür – ha, dees schdrambld ja, wie wenn's ieber Wassr ganga könnt!«

»Du bisch so siaß!«

»I ben mr sicher, i han me seinerzeit genau richtig entschieda!«

»Ganz bschdemmt, mei Häsle. Schee, dass mir zammablieba sen. Uuuuh, jetzt goht's aber looooos! Komm, lupf mi amôle. Ond dua mr des Veschberbrettle uff dr Bauch ondrs Näbele ond a weng druffklopfa, damit sich des Kloine gscheid richtig rom nâdreht!«

Dr Befehlsempfängr hot se z'erscht a bissle glupft, richtig rom nâdreht ond glei druff mit ma kloina Löffele uff des helle, gscheggte Olivabrettle gschlaga ond 's war aber scheints älles net recht, weil 'r âgäblich saubleed nâglangt ond viel z' arg ond viel z' schnell bogglt ond älles bloß no schlemmer gmacht hot. Aber als Mâ sott mr wissa: Mr hätt ihr en dera sensibla Phas' eh ieberhaupt nix recht macha könna.

Nô hot 'r sich bloß no saga heera: »Schatzamoggele, kâ i sonscht no äbbes für di do?«

»Ja – lass mr mei Ruah! Lang me net â! Dees brengt doch älles nix. Du bisch mr koi Hilf! Ond halt jetzt a Weile dei Gosch! Dees hilft mr grad am meischda! Weil i muaß me uff me selbr konzentriera!«

Ond nô isch's ernscht worda. Die Fruchtblôs isch blatzt ond d' werdende Muadr hot 's Schnaufa ond 's Bäta âfanga ond dabfr ihr Beschts gäba.

Em Josef isch's durmelich worda, hoiß ond kalt isch's em dr Buggl nondergloffa ond dr Schwoiß grad mit drzua, ond en Drugg uff de Ohra hot 'r gschpürt ond ganz henda en seim Schädl hot 'r die Hebamm wie a Echo schwätza heera: »Massiera! Bugga! Schdregga! Knuia! Stützta! Drugga! Dehna! Hogga! Zähla! Reiba!« Wie âgwurzlt isch'r dâgschtanda.

’s Mariele hot bloß no Schdernla gsä. Dr Jupp aber au – weil ’r glei druff ohnmächtig worra isch. Aber mit Gottes Hilfe hen se älles guad nôbrocht. Ond nô hot se dr Welt am Obend ihr Buale gschenkt ond hot ’n en Wendla gwigglt ond en des kloine Kripple glegt.

Als em a Stündle später dr Ox mit dr Zong ieber d’ Fuaßsohla gschleggt hot, isch dr Josef wiedr zu sich komma ond hot des große Wondr vor sich gsä: 52 Zentimeter groß ond 3275 Gramm schwer. Ond no koi oinzigs Häärle uff em Meggl. A xonds, rosigs Prachtkendle!

Gotzig isch des kloine Butzele dâgläga, brav war’s ond schee zfrieda gschlôfa hot’s – ond die Eltra hen glei gmerkt, dass dees wirglich äbbes ganz äbbes Bsonders isch. Nô hen se ’n gladdweg Jesus ghoißa, so wie’s ihne dr Gottesbot Gabriel em Friehleng ufftraga hot.

Ond en ganz bsondrer Schdern isch hoch droba direkt ieberm Schdall gschdanda ond hot gschtrahlt!

DR ENGL OND DIE SCHÔFSEGGL

En dera Nacht hen a paar Hirta draußa uff de Felder Wache ghalda ond uff ihre eizainte Schäfla uffbasst. Die Kerle sen dâghoggt wie a Bfond Schnitz ond hen vor lautr Langweil en rechta Lohkäs gschwätzt ond ällaweil domme Sprüch rausghaua.

»I han Glügg bei de Fraua, mir gfallt fascht jede!«

»Dr Nachdoil am Nixdo isch, dass mr nie woiß, wann mr fertig isch.«

»I ben emmer saumiad. Außer wenn i schloof … nô goht's.«

Ond grad so bleed isch's weiterganga. Die hen ihrn Schbass geht! Hirta waret Außaseitr en dr Gsellschaft, die hen jedn Daag mit kranke Tierla zom do ghet ond au mit Kadavr, drom hot koiner mit dene was zom do han wella – von fascht älle sen se gschnidda worda. Aber dr Hemmlvaddr hot a Zoicha setza wella ond zeiga, dass die guade Nachricht von dr Geburt vom Heiland für jedn gleich gilt. Vor Gott sen nämlich älle Menscha dupfagleich.

Drom kommt jetzt wiedr dr »Engl Force One«, dr Gabriel ens Schbiel – der hot nämlich scho d' Wolkadeck durchstoßa ond isch en ma hella, gleißenda Licht obremst uff des Wiesle mit dene Schäfer zuagsaust. Zmôl isch dr Hemmlsbote onda âkomma, ond d' Herrlichkeit des Herrn hot se omstrahlt; ond nô hen se scho saumäßig Muffasausa kriagt.

»Hey, Leut, komma mr glei zur Sach – i han euch äbbes Wichtigs zom saga!«

»Oje, midda en der Nacht! Dr Engl des Herrn, i glaub's ja net! Mir goht ganz schee 's Zäpfle!«

»Wem sechsch dees? I hätt mr schiergar en d' Hos bronzt.«

Dr Gabriel aber hot se glei beruhigt: »Ihr brauchet euch net fürchta! Gugget, i breng euch a Nachricht, die älle Welt gscheid freia wird. Ond jetzt horchet zu: Heut isch en dem Flegga, en dem au scho dr Keenich David uff d' Welt komma isch, der versprochene Rettr gebora worda – ond zwar dr Chrischtus, dr Herr. Dr sell isch dr Sohn von meim Chef!«

Nô hot dr oi Hirt zom andra gsait: »I hätt scho au gern äbbes Klois. Aber 's isch halt a Gschäft!«

Ond dr ander hot gmoint: »I han amôl oin kennt ghet, der hot oine kennt ghet, die hot a Kend ghet. Des hot se aber net von sellem ghet, weil der hot nemme könnt ghet. Die hot en andra kennt ghet, der hot no könnt ghet, ond von dem hot se des Kend ghet. Wenn se den net kennt ghet hätt, nô hätt se au koi Kend ghet!«

Dr Gabriel hot bloß mit em Kopf gschiddlt. »Bleibet bei dr Sach! Also weitr em Text, horchet her! Ond so werdet ihr

’n fenda: Des kloine Bobbele schdraggt en Wendla gwigglt en ma stupfiga Fuaderkripple drenna. Ganget no glei nô, ’s senn ja bloß anderthalb Kilometer!«

Ond scho war ’s Verkündigongsengele wiedr fort.

Kurz druff hots plötzlich grumplt ond gfunklt ond do ond nô hen se nuffguggt en d’ Wolka ond dr Krach ond des Gschroi isch emmer lautr worda. Dees war vielleicht a Schauschbiel …

WO KOMMET BLOSS DIE GANZE HEERSCHARA HER?

Uff oimôl waret om se rom die ganze hemmlische Heerschara mit Kerza en de Händ ond Palmwedl ond Glogga ond Harfa ond Triangla ond kloine Trompetla. Dene Hirta isch d' Kinnlad nonder. Ond die viele Engele hen sich saumäßig gfrait, hen gjublt, gsonga, gfeiert, applaudiert, musiziert ond brudaal globhudlt.

»Schee, dass dr Gottessohn jetzt gebora isch!«

»Ehre onserm großa Vaddr dâ droba – weil dr sell brengt dr ganza Welt Frieda ond isch mit oendlich viel Liabe für de Menscha dâ!«

»Olé olé olé, suuuuper Che-hef, olé!«

»Mir wünschet viel Friede, Fraide, Eierkuacha!«

»Schalalalaaa, Weihnachta isch bloß oimôl em Jahr …!«

»Hoch soll 'r läba! Ällaweil Xondheit, Glügg ond Säga!«

Ond nô sen se emmer lautr worda ond hen sich emmer meh gfrait, ond hen emmer meh gjublt, ond emmer scheener gsonga ond weitrgfeiert, ond emmer kräftiger en d' Händ klatscht, ond musiziert ond globhudlt – dass

’s schier gar nemme zom Aushalta war. Dees waret halt amôle ganz bsondre Fans!

Äll Tritt hen sich die Engl äbbes Neus eifalla lassa, am End hen se sogar Pogo danzt ond sich em Kreis dreht ond omanandrgschuggd – ond die allerwildeschte von de Heerschara mit de längschte Mähna hen sich nach vorn beugt ond em Takt mit em Grend ’s Haarschiddla âgfanga. Am End isch’s scho au a weng arg durchanandrganga …

Onsre Hirta hen’s net glauba könna, dass om se rom so a Gschiss gmacht wird. Dass mr extra wega ihne so en bsondra Fläschmob organisiert ond sich so granadamäßig uffführt, bloß weil da oms Eck nom oine a Kendle kriegt hot.

Nach ’ra Viertelschtond war dr ganze Spuk rom ond älle sen se wiedr verschwonda, dapfer zrigggfloga, nuff ens Hemmlszelt, von wo se herkomma sen, wo ihre Arbeitsplätz waret.

MÄÄÄHRY CHRISTMAS

Ond als die Engelesschar wiedr droba war, hen die Schäfersleut bschlossa: Jetzt semmer neugierig ond ganget gschwend uff Bethlehem ond gugget amôle, was ons dr Herrgott hot ausrichta lassa.

»Des war jetzt äbbes! Wie die sich uffgführt hen … mei liaber Scholli!«

»Also guad, nô ganga mr jetzt zamma los! Machet nôre! Bevor's Daag wird! En 20 Minudda semmer an dr Kripp. Ben scho gschbannt uff des kloine Wonder!«

Ond weil dr Karle sich dr Haxa verstaucht ghet hot ond eh en rechter Drialer war, hen se den Kerle auserkora zom uff die Schoof uffbassa. Dr sell hot mit de drei große, weiße, zotteliche Hirtahond alloi dableiba müssa.

Druff hen se sich uff d' Sogga gmacht, hen ihre Stöckle gschnappt ond sen Richtong Norda losgroiflt, hen sich bei jedem Schritt emmer a weng nach henda abgstoßa ond schee d' Ärm durchgschwonga, damit se schneller sen. So isch kwasi 's Nordig Walking erfonda worda.

Jeder hot wella dr Erschte sei. Schnaufend sen se âkomma, hen neugierig en dr Schdall gschbigglt ond tatsächlich 's Mariele ond dr Josef gfonda – ond drzu no 's Kendle en Wendla gwigglt en ma stupfiga Fuaderkripple flagga.

Ond weil's midda en dr Nacht war, hen die drei ganz selig gschlôfa.

»Psssst … gugget euch dees amôle â! I glaub's ja net! Die Engele hen mit ons koi Hugoles gmacht, die hen tatsächlich recht ghet!«

»Dass i dees no erläba derf. Maria ond Josef ond des kloine Jesuskendle ganz friedlich uff Heu ond uff Stroh. Drzu en stattlicher Ox ond a treus Esele. So äbbes will i jetzt jedes Jahr!«

»Gugg amôle, wie's schnauft, wie's seine Batschehändle em Gsicht romreibt! Scho arg siaß, dr kloine zuakünftige Weltarettr, dr Chrischtus, dr Heiland!«

Von dem ganza Gschwätz ond dem Gschroi isch prompt die ganze heilige Familie uffgwacht ond hot sich gwondert, wer dâ älles en dr Schdall reischbidzt. A weng grätig hen 's Mariele ond dr Josef scho aus dr Wäsch guggt, weil eigentlich endlich amôle für a paar Schtond a Ruah war ond se grad so schee gschlôfa ghet hen. Nô hen se aber scho au wissa wella, was für Gsichter zu dene Schdemma gheeret ond hen gsä, dass dees koine Eibrechr, sondern bloß a paar gschbannte nâsaweise Hirtaleut waret.

»Menschenskend! Älles Guade zom Noochwux! Aber Tschuldegong! Mir wellet net schdeera! Ond au net lang bleiba. Mir hen bloß gschwend direkt amôle gugga müssa, ob dees wirglich schdemmt, was mr ons so älles verzählt hot. Also, z'erscht amôle von ons zamma ganz herzliche Glüggwönsch – ond a kräftigs ziggezagge ziggezagge Heu-Heu-Heu!«

Ond nô hen die Schôfhüatr zom Beschta gäba, was ihne dr Erzengl ieber den kloina Dergl ausgrichtet hot. Dass 'r äbbes ganz äbbes Bsonders sei, nämlich em Hemmlvaddr sein Sohn ond Schdellverträter uff Erda, ond dass se 'm obedengt a Bsüachle abstatta sottet ond dass die ganze hemmlische Heerschaara so en freudiga, granadamäßiga Terz gmacht hen.
Em Mariele isch jedes oinzelne Wörtle z' Herza ganga ond se hot emmer wiedr gscheid drieber nachdengt.

Nô hen se no dr Nama vom Kendle wissa wella, hen ihre Veschber auspackt ond erscht amôle a saubre Brotzeit gmacht – ond mit em Mariele on em Josef die mitbrochte Landjäger ond die zwelf Riebl Holzofabrot doilt. Mit ma guada, räscha Moscht aus Ebfl, Birna ond Quidda isch nô feierlich uff dr neue Erdabürgr âgstoßa worda. 's war aber scho au a weng en Rachabutzr …
Dr Jüngschte hot prompt en gscheida Dennpfiff griagt ond isch erscht amôle für a Weile hender em nägschda Büschle verschwonda. 's hot halt seinerzeit scho au recht gmenschlt en Bethlehem.

Druff sen die Hirta wiedr zfrieda zu ihre Schäfla zrigg, hen dr Hemmlvaddr priesa ond für älles dankt, was se gheert ond gsä hen – weil's dupfagleich so gwä isch, wie mr's ihne no vor vierahalb Schtond verzählt ghet hot.

DIE DREI SCHLAUBERGR AUS EM MORGALAND

Als dr kloi Jesus en Bethlehem uff d' Welt komma isch, war dr Herodes dort em Ländle, en Judäa, dr Oberschte, dr Keenich.

Ond weit henda dromma em Oschta hen drei bsondre Fraind grad a kloine Hocketse gmacht. 's waret Weise, Schdernlesdeuter, Magier, Älleskönnr, Besserwissr, Käpsele, patente Kerle. Rechte Schwoba halt.
Die hen en 'ra Boiz em Morgaland ihr Femfjahrestreffa abghalda ond die neueschte Neuigkeita austauscht – hen ieber sell ond jenes sinniert, hen philosophiert, spekuliert ond diskutiert. Broit uffgschdellt waret se ond hen von wenig viel, ond von ällem a bissle a Âhnong ghet.

Ond wo se so zammahogget ond grad ihre leckre Ofaschlupfer mit Vanillesooß verdruggt ghet hen, isch dr Rotwai uffdischt worda.

»Jetzt no a Viertele schlotza isch a subbr Idee! Ha, was moinsch, Kaschbar? A gscheidr Wai hot no koim Domma gschaded!«

»Hosch recht, Melchior. Aber wenn scho, nô richtig! En halbr Balla isch gladd nausgschmissas Geld!«

»A guads Waile en kloine Gläsla gsoffa, schadet au en greeßre Menga net«, hot druff dr Balthasar gmoint.

Onsre drei Schlaubergr hen so oft uff d' Gsondheit âgstoßa, dass se se schier gar ruiniert hen. Als se nach de erschte paar Viertele zur Diara naus sen zom oine raucha, war am Hemml droba plötzlich äbbes ganz anderscht wie sonscht …

»Hen mir en Balla oder isch des wirglich wohr?«

»Sen mir jetzt womeeglich au no Hell-Seher?«

Weil ihne isch en Schdern uffgfalla, hell ond groß ond mächtig ond mit ma ganz oigaartiga Schweif henda dranna. Der hot se neugierig gmacht, weil so a Trumm hen se no nie gsä ond aber au glei gmerkt, dass dees äbbes ganz äbbes Bsonders sei müsst. 's war halt scho a rechte Schdernschtond für onsre drei Schdernlesdeutr.

»Dees muaß a Zoicha sei!«

»So äbbes han i ja no nie gsä! Jaja, dees soll ons bschdemmt äbbes saga!«

»Dâ sottet mr glei los ond gugga, wo der leuchtende Briegl ons nâführt!«

Em Melchior isch als allererschter a Licht uffganga: »I han von ma Fraind amôle gheert, dass' en de alde Schrifta hoißt, dass wenn genau sell bassiert, dass dees en Henweis isch, dass nô dr Sohn Gottes, dr neugeborene Keenich, dr Erlöser von älle Menscha uff d' Welt komma isch …«

»Der Komeed schdoht arg weit em Weschta – dâ sottet mr ons uff a längere Reis' gfasst macha! Dees zieht sich!«

»Ha, mir sen doch Rentnr – mir hen doch Zeit! Ond i han so 's Gfiahl, uff ons kommt's jetzt â, mir müsset dem Wink folga ond rausfenda, was dees für d' Menschheit zom bedeuta hot!«

»Frailein, mir däädad nô zahla!«

Ond nô hen se ihre Geldsäggla zückt ond drzua no a gscheids Trenkgeld schbrenga lassa, hen ihre Siebasacha packt ond sen naus zu ihre Viecher. Dr Kaschbar aus Afrika isch uff sei alds, ronzlichs Elefäntle gschdiega, dr Melchior aus Europa hot sein donglbrauna Kläpperlesgaul gsaddlt, ond em Balthasar aus Asien sei trialichs, zottelichs Kamel isch z'erscht ganz uff d' Knui nonder, damit der kloi Kerle hot druffnuffhogga könna.

Ond nô sen se losgridda, jeder en seim oigena Schüttlrhythmus romgautscht, aber emmer schee hendranandr en dr Reih. Emmer dem hella bsondra Hemmlskerbr nach. Dr Schdern war dr Schdar!

Los isch's ganga – Richtong Weschta. 's war dr allererschte »Schdar Trek« ieberhaupt.

EMMER EM SCHDERNLE NACH

War dees a Schinderei! Ewich ond drei Dääg sen se onderwegs gwä, môl gloffa, môl gridda, môl gloffa, môl gridda ond nô wiedr gloffa. Ieber hohe Berg ond durch tiefe Tälr sen se komma, durch Schdoiwüaschda ond Sandwüaschta ond austroggnede Bachlaif, gradaus ond em Ziggzagg isch's ganga – aber emmer schee em Schdernle nach.

»Melchior, mir laufd d' Briah na!«

»Nô setz dr halt dein Turban uff – des hebt dr Schwoiß ab ond kiahlt 's Hirn!«

»Oh Balthasar, worom hen mir eigendlich onsre lange, schlabbrige Kutta drbei? Die Kiddl sen so ogschickt ond viel z' warm!«

»Aber du kâsch doch net emmer bloß en dr kurza Hos romlaufa – d' Leut gugget scho!«

Hoiß isch's gwä ond zäh ond emmer em gleicha Trott isch's vorwärtsganga. Ond bei 36 Grad kâ mr scho au amôle a bissle en Schadda han. Uff oimôl hen se dr Grend en dr Hemml gschdreggt ond blinzlt ond guggt ond gsuacht – aber des Schdernle war fort.

»Wo bleibsch denn, Kaschbar? Mach nôre!«

»I glaub, mir hen ons verloffa. Mir sen falsch! Koi Wonder, weil mr halt daagsübr den Grübbl net gscheid sieht, dabbsch en d' falsche Richtong! Hemmlaberau, i schmeiß glei dr Bäddl nô!«

»Noi – net uffgäba! Z'erscht môl a weng nachdenka!«

Nô sen se druffkomma, dass gscheider isch, wenn se daagsieber Pause machet ond sich ausruhet ond besser en dr Nacht omananderlaufet, weil mr dâ dem bsondra Schdern viel scheener folga kâ. Se waret halt scho drei rechte Schlaubergr.

Onsre drei hen sich also emmer en dr Friah am hella Morga a feschts, schaddichs Plätzle gsuacht – môl sen se onder ma alda Baum gschdraggt, môl hender hohe Felsa gläga, môl hen se sich en ma kloina Gässle an a kiahle Hauswand gloint, môl sen se en a dongle, luftige Höhle nei. Ond zwischanei hen se sich en dr oina oder andra Oase vor em Ratza sogar z'erscht a bissle kalt duscha könna, bevors en d' Bettstatt ganga isch.
Ond emmer wenn d' Sonn onderganga war, hen se ihre steife Gschdell wieder en d' Senkrechte brocht, hen ihre alde Knocha gschiddlt ond sich langsam uff dr Weg gmacht. Seinerzeit hot ja scho am Obend om sechse offiziell dr neue Daag âgfanga. Dongl ischs worda.

Prompt sen se besser vorwärtskomma ond des Schdernle hot gschdrahlt ond ihne tuschuhr zuverlässig dr Weg gwiesa. Om se rom war älles schdill, älle Leut hen gschlôfa – bloß drei sonderbare Gschdalda sen em Dongla durch d' Weltgschicht dabbt ond hen vor lautr Angscht laut vor sich nô gsonga.

Grad so, wie wenn de alloi en dr Keller gohsch ond pfeifsch. Onsre Schdernsänger sen scho au arge Schisser gwä. Morgens waret se emmer die Erschte, die sich an de Backstuaba, wo se vorbeikomma sen, mit frische Laugabrezla eideckt hen. Dees war halt a rechte Wegzehrong. Aber se hen eigendlich no äbbes anders braucht: nämlich a paar gscheide Gschenk.

»Wisset'r was? Wenn dees dr Keenich dr Keenich isch, nô müsset mir aber au äbbes Deiers mitbrenga – wo so em oinzigartiga Herrschr âgmessa isch!«

Onderwegs sen se kurz vor Jericho uff a Karawane troffa – weil des Städtle liegt an 'ra alta Handlsschdrôß ond dâ hen älle drâ vorbeimüssa.

Die Karawaner mit ihre vollbeladne Trampltierla sen grad abgstiega gwä ond waret am Pause macha. Onsre drei hen a bissle arg neugierig glotzt, was die wohl so älles dabeihen – ond sen prompt bleed âgmacht worda.

»Wa du wolle?«

»Mir wellet nix, mir gugged bloß …«

»Ihr nix mache Fisematenta! Sonscht deen mir euch äbbes!«

Ond nô hen onsre weise Weise entdeckt, dass die äbbes ganz Bsonders mit sich führet … saudeirs Glomp, allerlei begehrte Gwürz ond bsonders gsonde Sälbla ond Harze ond wertvolle Handwerkssacha – drom waret dâ au a paar Uffbassr drom romgschdanda mit Messr ond Bätscher ond Briegl.

Plötzlich hot dr Kappo von de Karawanaleut aus 'ra große Gugg so a ganz owidrstehlichs Gschmäckle grocha, ond dâdrmit hot 'r sich tatsächlich bschtecha lassa. Koi Wondr, weil bei so äbbes Guads wie en Haufa frische Brezla mit dünne, verschlongene Knuschberärmla, dâ kâsch oifach net noi saga, dâ kâsch oifach net anderscht als nachgäba.

Ond nô hen onsre Schdernlesdeutr dafür môl a bissle genauer schbigga ond au mit de Pfota nâlanga dürfa, was die ganz Spedition so älles dabeighet hot.

Ond nô hen se zuagschlaga. Ond sich rausgsuacht, was se braucht hen. Jeder hot äbbes anders kauft ond älle drei Sacha waret ogfähr gleich viel wert: A Kischtle Gold, zwelf Päckle Weihrauch ond acht Bixle Myrrhe – älles zamma für 758.628 Denar.

»Was soll dr Geiz, 's sott halt scho äbbes Rechts sei!«

Wo genau dees die Karawanser bsorgt ond uffglada hen, hen se koim verzähla dürfa, weil d' Herkunft dr Harze von Weihrauch ond Myrrhe war ois von de beschtgehütete Geheimnis' – koiner sott die Spur von der mit so wertvolle Schätz beladena Karawan' zriggverfolga könna.

Weil jetzt onsre Morgaländler aber so subbr Kunda waret ond so viel hen schbrenga lassa, sen se druff glei no zu 'ma kloina Umtrunk eiglada worda ond hen's gscheid laufa lassa – ganz nach dem Moddo: Mr sott bloß so viel trenka, wie mit äller Gwalt neigoht!

Miad waret se, dr Durscht war gessa ond jetzt hen se scho au môl wiedr weitrganga müssa. So langsam isch's uff Jerusalem zuaganga.

»Glei hemmrs gschafft. Arg weit kâ's nemme sei.«

Kurz druff sen drei Manna mit ma alda, ronzlicha Elefant, ma donglbrauna Kläpperlesgaul ond ma trialicha, zottelicha Kamel Richtong Jaffator zoga – ois von de acht Stadttörle von Jerusalem. Grad no rechtzeitig sen se âkomma – weil jedn Daag sen ab sechse ieber d' Nacht älle Zuagäng gschlossa worda.

Dr Weihnachtsschdern isch so am Hemml gschdanda, wie wenn se scho fascht am Ziel wäret, ond nô hen se denkt, dees mit dem neugeborena Kendle, wo genau mr dees fendet, des müsst doch eigendlich gwieß dr Keenich wissa, der dâ henda en dem Paläschtle haust …

Dr Herodes hot äbbes em Senn

Vom Turm aus hot mr onsre Fraind scho komma seha. Mit Blâsa an de Fiaß ond Durscht wie Harry.

Bald druff sen se tatsächlich am weschtlicha Eigang zur Jerusalemer Altstadt nei ond direkt am Regierongssitz uffkreuzt. Ha, dees war vielleicht en Schuppa! 300 Meter lang ond 150 Meter broit war alloi scho die brudaale Maur dromrom. Dees war amôle a gscheide Residenz – die hot äbbes hergmacht!

Dr Keenich Herodes hot als Verantwortlichr ’s Geburtsregister gführt – für Judäa, Galiläa ond Samaria. Ond hot sich dâ äbbes saubers nâgschdellt! En rechter Prunkbau zom Stauna! Älles vo de Steurgelder!

Dreimôl hen se âklopft ond nô isch des große Guggloch midda en dera schwera Holzdier uffganga ond en römischer Soldat mit ’ma silbrig glänzenda, frisch butzta Eisahelmle uff em Meggl hot se frôgnd âguggt.

»Griaß Gottle, Herr Wachtmoischtr, mir sen vo auswärts ond wellet dr Keenich äbbes frôga wega ’ma Kendle, wega ’ra aktuella bsondra Niederkonft, ond bräuchtet dringend sei Hilf. Kâ der môl gschwend komma?«

»No net hudla! I muaß erscht amôle gugga, wo sich der grad wiedr romtreibt. Dees könnt a Weile daura. Kommet doch gschwend rei ond hogget a bissle dâ nieber zu dem Brünnele en Schadda.«

»Könntet mir …?«

»Noi. Sehn'r des Schildle net?! D' Viecher müsset draußa bleiba!«

Dees war vielleicht a Warterei! Z'erscht sen se ganz gschafft dâgsessa, hen durchgschnauft, hen von dem klara, kalta Hahnawassr probiert, emmer wiedr a weng ihre Ärm ond Haxa dronderghoba ond a bissle dren romkneippt.
Druff hen se neugierig en dr Ennahof gschpigglt ond viele wertvolle Meebl ond scheene frische Bloama ond sogar a paar plätschriche Wasserspiel gsä. Middadren war a gmauerts Badwännle zom Schwemma en dr Hof eiglassa – mit ma 25-Meter-Begga ond deire Kachla dromrom! Der Kerle hot's halt ghet …

Dr Herodes isch scho a Weile bequem uff dr Seit uff seim rota, samtiga Schässloh gschdraggt ond hot sich a Portion kloine Maultäschla aus dr Hoimat eiverleibt. Ond als 'r grad nach ma gscheida Nachschlag verlangt hot, isch des rausbutzte Soldätle vor em gschdanda.

»Dâ wartet a paar Reigschmeckte ond die sottet dringend äbbes wissa …«

Ond nô hot sich dr Herodes erschtmôl sein nägschda Deller brenga lassa ond a Gugommer-Salädle drzu ond en Träubleskuacha zom Nachdisch mit extra viel Sahne.

Jetzt sen a paar scheene Mädla komma ond hen dr ganze Kerle von oba bis onda massiera âfanga – jede war für a anders Körperdoil zuaschtändig. Oine isch em sogar emmer wieder mit de ölige Händ uff dr Ranza oms Bauchnäbele rom ond nom gfahra, damit 'r seine viele Schnabulierereia bessr verdaua kâ.

Druff hot 'r seine Pfota en a feuchts, warms Handtüchle neigrieba, seine deire Schläbbla âzoga ond isch mit seim weißa, goldbestickta Schlamprkiddl den langa Säulagang nomgschlurft zom Brünnele, wo die drei Weitgereiste scho sehnsüchtig uff en gwartet hen.

»Jetzetle, was isch?«

»So, au scho dâ? Hallo Herr Rodes!«

»Noi, Balthasar – der hoißt Herodes! Gaius Iulius Herodes!«

»Sie, saget Se môl – mir hättet dâ môl a Frôg: Mir hen dromma em Morgaländle en Mordsbriegl von Schdern gsä ond der hot ons zeigt, dass mr hier dr neugeborene Keenich, dr Erlöser von älle Menscha fendet. Nô hemmer ons glei uff dr Weg gmacht. Jetzt semmer dâ ond dädet gern wissa wella, wo der kloi Kerle isch – weil mir möchtet 'n bsuacha ond gscheid âbäta. Wo müsset mir dâ jetzt nô?«

Wo dr Herodes des gheert hot, isch 'r arg verschrogga ond hot a paarmôl schlugga müssa. Aber er hot sich nix âmerga lassa.

»Woiß iis??! Aber wartet amôle, i mach me gschwend schlau. I kenn dâ nämlich so a paar ganz Religiöse em Städtle – dene ihr Moddo isch: Älles wissa isch besser als älles han. Dâ däd i's môl versuacha. I schick gschwend en Bote nom zu dene Gscheidle; ihr könnet so lang a weng naus vor d' Diar ond eure Viecher mit a paar Kübl Wassr versorga.«

Âbonda waret se ond durschtig en dr pralla Sonn – dr Graue mit de riesa Ohra, dr Braune mit de vier Huf ond dr Beesche mit de zwoi Höggr uff em Buggl. Aber dr Herodes isch zrigg zu seine Manna ond war außr sich …

»Ja, om dr Hemmls willa! Henner dees ghert? Dâ gibt's en neua Keenich! Ha, so äbbes! Wo isch jetzt der Kerle? Könnet'r mir dees amôle saga?! Wetzet gschwend zu de Alleroberschte von de Israelidda, die wisset doch sonscht au emmer älles! Aber ruggzugg! Mir bressiert's!«

Ond nô sen zwoi von seine beschte römische Soldätla, mit rote Sisal-Birschta uff de Helm, losdabbt ond nei ens Städtle, zom die gsuachte Älleswissr fenda. Wer frôga hot müssa, hen se mit ma schnella Schnigg-Schnagg-Schnugg ausknoblt.

Die Hoheprieschtr ond Schriftglehrte hen net lang drom romgschwätzt: »Em Buach vom Micha, dâ schdohts ganz genau; dr Prophet Jesaja hot seinerzeit vorausgsagt, des Buale liegt en Bethlehem! Von dâ soll dr allergreeschte Herrschr komma, wo 's ganze Volk ond älle Menscha uff dr Welt wie en guadr Hirte führa ond âleita wird.«

Aber weil dr Herodes eifersüchtig war, hot der Lombakeenich zu de Schdernlesdeutr hählenga gsait: »Ganget no glei nieber uff Bethlehem ond verzählet mr henderher, wo genau ihr des Buale gfonda hen, i däd's nämlich au gern âbäta! Ond net vergessa: Kommet uff em Rückweg obedengt wiedr bei mir vorbei – i sott obedengt wissa, wie der neue Keenich so isch ond wo genau mr schella muaß!«

Dabei hot des Schlitzohr em Senn ghet, des Kendle omzombrenga, weil 'r koin Konkurrent näba sich hot han wella – ond nô hot 'r sich dengt: »Wart no, die werdet sich wondra! Dem dua i äbbes!«

»Isch dees jetzt no weit?«, hen onsre Schdernlesguggr beim Loslaufa gfrôgt.

»Noi, glei oms Eck! Des sen koine zeh' Kilometer! Dees schaffet'r guad en zwoiahalb Schtond. Schloofet euch aus, morga frieh isch d' Nacht rom! Adee, war schee!«

MIT DR GRIPP AN DR KRIPP

Am nägschda Daag, glei nach em Sonnauffgang, sen die drei Weise en ihre ausdabbde Zedernstock-Latscha losmarschiert. Bald druff isch 's Ortsschildle von Bethlehem komma. Ond des Schdernle, wo se scho em Morgaland gsä ghet hen, hot scheints dr Akku frisch uffglada ghet, isch wiedr strahlend vor ihne her ond hot se bis zom kloina Butzele gführt. Direkt ieber oim Schdall isch des Gotteszoicha schtanda blieba – ond nô hen se gwisst: Mir sen richtig! Genau dâ hemmer scheints nôwella.

Wo se des älles gsä hen, hen se schier gar nemme könna ond waret völlig aus em Häusle.

Henderm Schdall isch oiner ghockt, der hot frisch gwäschne Windla, alde Sogga, Schneizdiachla ond Onderhosa am Feuer uffghängt ond trocknet, hot Gschirr gschpült ond näbabei en riesa Hafa Flädlesupp kocht. 's war dr Jupp ond dr sell war fleißig mit em Haushalt bschäftigt. Der war vor lauter Schaffa ond Helfa fix ond älle ond middlerweil ganz schee fertich mit dr Welt. Nô hen se âklopft.

»En scheena guada Morga, isch äbber dâ?«

D' Marie hot hehlenga durch a Aschtlöchle gschbigglt, drei fremde Kerle gsä ond z'erscht net recht gwisst, was se do sott. Aber scho hen se ihre riesige Deez mit de drom romgwiggelde Schtöffla durchs Fenschter reigschdreggt.

»Kommet no rei, d' Dier isch offa!«

Nô sen se nei en dr Schdall, hen tatsächlich den kloina, heiliga, neugeborena Dergl vorgfonda, sen nonder uff ihre Knui ond hen 's Jesuskendle erscht amôle a Ronde âbätet wie en Keenich. Drzu hen jetzt au prima die deire keenigliche Gschenk bassd.

Ihre Zenka sen gloffa, weil se sich en Schnubfa gholt hen wega dera bleeda Lauferei en de Nächt zvor, wo's emmer so kiahl ond zugich war. Ond jetzt sen se mit dr Gripp an dr Kripp gschdanda.

Drondernei isch die jong Muadr hendr dr Esl an d' Bretterwand nô ond hot zu em Josef naus grufa: »Kâsch amôle komma?! Dâ schdandet grad drei Koschtümierte, die hen lange Kudda â ond Turbän uff ond saget, se seiet Schdernlesdeutr von weiters her ond wäret dem Gotteszoicha am Hemml bis hierher zu onserer Onderkonft gfolgt. Die sen ganz begeischtert von onserm kloina Jesus. Ond du glaubsch's net – die hen Gold, Weihrauch ond Myrrhe mitbrocht!«

»Aber des allergreeschte Gschenk isch onser Buale, Mariele!«

»Schdemmt. Dr Kloi wird d' ganz Welt verändra!«

»I komm glei rei!«

Druff isch dr Josef nei, ond nô erscht hot mr sich offiziell bekannt gmacht. Gscheid graduliert isch worda ond onsre drei Weise hen de stolze Eltra die Gschenk für dr neuborene Gottessohn ieberreicht. Dr Melchior hot sei Goldkischtle herdo: »So en Säga! Dees isch für ons a Schdernschtond! Älles Guade zu eierm kloina, goldiga Knopf!« Dr Balthasar hot sein Weihrauch auspackt – dr sell gilt au als Symbol für d' Gegawart Gottes ond 's Weha vom Heiliga Geischt: »Au von mir viel Glügg ond vor ällem Xondheit ond a langs Läba!« Zom Schluss hot dr Kaschbar sei ganz bsondrs deire Heilmittel-Gabe für dr Heiland, nämlich d' Myrrhe, ausdoilt: »Euer Kend isch em Herrgott sei Meischderschdiggle!«

»Dankschee! Isch dees a Fraid! Des wär doch aber net needich gwä!«

»Dees bassd scho, 's kommt von Herza! Die weite Reis' hot sich gscheid glohnt! Mir drei sen völlig ieberwältigt! Ond was für a Ausschdrahlong der Kloi scho hot – em Gott sei Sohnemann isch dr King – der wird amôle en ganz Großr!«

Ond dr Gabriel em Hemml hot zuaguggt ond gschmunzlt ond sich denkt: Jaja, bloß wo Senn isch, isch au Fraid …

Äbbes traimt

»Sodele. Jetzetle.«

Die drei Gscheitle aus em Morgaland hen a Weile helfa die heeniche Dachrinn repariera, hen d' Wäsch abgnomma ond zammaglegt ond danach au no a bissle Heu mit rei. Druff waret se groggy ond hen drom draußa henderm Schdall uff dr sonniga Wies a Middaagsschläfle ghalda. Schaffa isch hald a Gschäft! Am End sen se von dr Maria ond em Josef no zom Obendessa eiglada worda.

»Jetzt hauet mir erscht amôle älle zamma gscheid nei ond stärket ons – 's gibt a guade hoiße, fettiche Flädlesupp mit auskochte Knocha. Dees hält Leib ond Seel zamma! Lasset's euch schmegga! Ond schmatzet net so!«

»Sag amôle, Josef, woisch du eigendlich äbbes für ons uff d' Nacht? Wo könntet mir dâ onderkomma? Mir bräuchtet no a Bettstatt zom Poofa.«

»Dâ henda bei ons em Eck wär no a Plätzle – lieget oifach nô, wenn euch dees Gschroi net schdeert!«

's Mariele war grondehrlich ond hot em Josef ens Öhrle g'raunt: »Bsuach isch normalerweis scho rächd, solang 'r ned d' Schuah raduad. Aber hier en dem wuselicha Schdall, dâ isch mrs grad voll egal.«

A paar Schtond später sen se älle zamma nâgläga ond eigschlôfa – z'erscht 's Jesuskendle, druff sei Muadr, d' Maria, nô dr Reih nach dr Kaschbar, dr Melchior, dr Josef ond dr Balthasar. Als Vorletschdr hot dr Ox seine Glotzbebbl zuagmacht ond am End isch's kloine, bockige, graue Esele eigniggt. Jeder hot seine oigene, ganz spezielle Laut' von sich gäba – d' ganz Nacht durch hot's gschnarcht, glallt, gheult, gschnauft, gratzt, gschwätzt, gwimmert, gsägt, gschmatzt, gwiehert ond gschnaubt.

Älle hen se gschlôfa wie en Schdoi. 's Mariele hot en dr Nacht bloß zwoimôl rausmüssa zom Stilla. Drom hoißts ja au »Stille Nacht«. Ond 's Buale hot druff wiedr ganz zfrieda, satt, entschbannt ond selig weiterpennt.

Onsre drei Weise waret zwischanei uff ihrm Strohmatratzalagr gschwend amôl a bissle seltsam oruhig. Weil ihne isch nämlich älle drei gleichzeitig dr Herrgott em Traum erschiena ond hot ihne äbbes ganz Dringends ond Wichtigs gflüschtert …

»Ganget bloß nemme zom Herodes zrigg – des isch nämlich en brudaal beesr Kerle! Nehmet obedengt en andra Weg hoim! Der henderfotziche Haderlomb hot fai äbbes Schlemms em Senn. Der duldet koin Konkurent, koin andra Keenich näba sich ond will drom des kloine Jesuskendle ombrenga. Aber der sott uff gar koin Fall wissa, wo sich dr kloi Bua, dr Messias, dr neuborene Keenich dr Keenich uffhält – wo mr mein Schdellverträter uff Erda ond oinzich wahrer Weltaherrschr fenda kâ! Also dabbet obedengt ganz hählenga uff Omweg wiedr hoim ond lasset euch bloß nemme bei dem Triabl bligga, dass 'r euch net ausfrôga kâ!«

Ganz verdattert sen se uffgwacht – ond hen die Botschaft tatsächlich no em Schädl ghet ond verschtanda, dass ’s em Hemmlvaddr granadamäßig ernscht war.

Nô hen se erscht amôl a Runde stoßglüftet ond druff älle zamma gfrüschdiggt.

»Kâ mr euch äbbes âbieta?«

»Am liebschda han i kurze Gebät’ ond lange Brôdwirschd!«

»Henner Hutzlbrot ond en kaldr Buddr drzua? Da hätt i jetzt scho a Luschd druff.«

»Ond i däd bei ma großa Deller mit guade, fettiche, leicht âbrôdene Schupfnudla net noi saga!«

Ond weil nix anders em Haus beziehongsweis em Schdall war, nô hot’s halt voll die reschtlich Flädlesupp gäba.

Danach hen se sich fertig gmacht, hen sich a Handvoll Wassr aus em Blechkiebl henderm Schdall ens Gsicht gschmissa, d’ Zäh mit ma gnatschiga Kaustöckle putzt, hen ihre Gwänder âzoga ond ihre Turbän uffgsetzt. Bloß em Melchior sen seine schwere, wallende Klamotta gwaldich uff dr Goischt ganga. Druff isch dr Balthasar grätig worda.

»Herrschafd Seggsr! Du kâsch doch jetzt net en dr Tschogginghos romlaufa – ziag dr môl äbbes Gscheids â, Kerle! Du hasch doch d’ Kontroll über dei Läba verlora!«

Om femf nach drei viertl zehne hen die drei Schdernlesdeutr ihre Siebasacha packt ond sen naus zu ihre Viecher. Dr Kaschbar aus Afrika isch uff sei alds, ronzlichs Elefäntle gschdiega, dr Melchior aus Europa hot sein donglbrauna Kläpperlesgaul gsaddlt, ond em Balthasar aus Asien sei trialichs, zottelichs Kamel isch z'erscht ganz uff d' Knui nonder, damit der kloi Kerle hot druffnuffhogga könna. Nô sen se loszoga.

's Mariele hot nommel henderhergrufa: »Dankscheee für älles! 's war scho recht so!«

Ond weil's dr Allmächtige so wella hot, hen se en saubera groß a Boga om Jerusalem gmacht – ond sen uff ganz andre Weg wiedr zriggdabbt, von wo se herkomma sen.

JETZT VERZÄHLA MRS DR GANZA WELT

Glei hender Jerusalem hot die Flädlesupp onda wiedr nauswella ond nô hen die drei Manna an ma Olivabaimle ihre Viechr âbonda ond ma zwoita Olivabaimle danäba gscheid dr Daag versalza.

Druff sen se ens Schwätza komma ond waret sich gladdweg einig, dass mr dees große Ereignis doch jetzt eigendlich net für sich bhalda könnt; von seller Gschicht sott gwieß jeder Mensch erfahra!

Nô hen se älles, was sich zuatraga hot ond was se gsä ond erläbt hen, en d' ganze Weltgschicht naustraga ond die froh' Botschaft von dr Geburt vom Erlöser ieberall bekannt gmacht. So sen se de allererschte Missionar worda.

Dr kloi Jesus aber isch gsond uffgwachsa, hot seine Eltra ond em Hemmlvadder arg viel Fraid gmacht – ond war für d' ganze Welt von Âfang â en großer Säga.

ENDE? ÂFANG!

Jetzt isch die Weihnachtsgschicht rom.

Aus. Epfl. Amen.

Mit em Epfl fangt ja d' Vertreibong aus em Paradies â – ond weil dr Jesus dr Messias, also onser äller Retter isch, drom hot mr en friehere Zeita zu Weihnachta an dr Baum en dr Stuab viele rote Äpfl nâghängt – heit sen's rote Chrischtbaumkugla. Ond mr hot drzu Kerza âzonda. Weil dr Jesus Chrischtus isch ja 's Licht dr Welt, wo Hoffnung brengt ond 's ewiche Läba schenkt.

Ond des Scheene isch: Koiner muaß sich sorga. Älles duad 'r aus Liab ond aus Gnade, wie's scho dr alde Luther secht. Des große Gschenk oifach ânehma – sell isch 's beschte Rezäpt. Koine Risika. Koine Näbawirkunga. Ond du brauchsch au nix vom Abbodeegr. Mir älle hen em Herrgott sei Wort druff.

's isch eigendlich ganz oifach: Wer's glaubt, wird selig!

OND JETZT WIRD GFEIERT!
FROHE WEIHNACHTA!

Die traditionelle Weihnachtsgschicht

Hier no die Original-Weihnachtsgschicht – wie mr se kennt, wie se en dr Bibl uffgschrieba schdoht. Kurz ond knackich. Emmer an Heiligobend vor dr Bscherong wird des scheene alde Textle gläsa – ieberall uff dr Welt en de Kircha ehrfürchtig von dr Kanzl ra oder gschwend dahoim en dr warma Stuab nach em Essa vor em gschmückta ond leuchtenda Tannabaimle.

Vor ieber 2000 Jahr isch dr Engl Gabriel vom Herrgott nondergschickt worda en a Städtle en Galiläa, nach Nazareth.

Dort hot ’r a Jongfrau uffgsuacht, die hot Mariele ghoißa. Sell isch mit em Josef ganga – oiner von seine Ahna war dr beriehmte Keenich David.

Ond ’s Engele isch en d’ Stuab reikomma ond hot schwätza âfanga: Griaß Gottle, Maria! Dr Herr isch mit dir!

Sell isch aber arg verschrogga, wo se des gheert hot, ond hot sich denkt: Was soll mr dees jetzt saga?

Dua de net fürchta, Mariele, hot dr Engl gmoint, dr Hemmlvaddr hot di für äbbes ganz Bsonders vorgsä.

’s isch so, du kâschs ja no gar net wissa: Du bisch en andre Omschtänd ond wirsch a klois Buale kriaga, ond du sollsch ’n Jesus hoißa.

Dr sell wird amôle allmächtig sei ond Sohn vom Höchschta gnannt werda; ond Gott dr Herr wird em sogar dr Thron vom Keenich David gäba.

Ond nô wird ’r ewich ond drei Daag herrscha ieber d’ ganze Welt ond sei Reich wird koi End han.

En seller Zeit hot dr Kaiser Auguschtus âgwiesa, dass älle Leut em Römischa Reich amôl komplett zählt werda sollet – weil der Kerle hot gscheid Schdeira eitreiba wella.

Ond dees isch die allererscht Volkszählong ierberhaupt gwä. En Syrien war grad oiner als Statthalter eidoilt, der hot Quirinius ghoißa.

Älle hen se en ihre Heimatstädt ganga müssa, wo se uff d’ Welt komma sen, zom sich uffschreiba lassa.

Drom hot sich au dr Josef aus Galiläa aus em Städtle Nazareth nieber ens jüdische Ländle nach Bethlehem uffgmacht. Von dort war nämlich au dr Keenich David her.

Nôdabbt isch ’r mit seiner Braut, em schwangera Mariele.

Kaum sen se âkomma, hen prompt die Weha eigsetzt.

Ond nô hot se ihr erschts Buale uff d' Welt brocht ond hot 'n en Wendla gwigglt ond en a klois Kripple glegt; weil se koin Platz kriagt hen en dr Herberg ond drom nieber en dr Stall hen müssa.

En dera Nacht hen Hirta draußa uff de Felder Wache ghalda ond uff ihre eizainte Schäfla uffbasst.

Zmôl isch dr Hemmlsbote komma, ond d' Herrlichkeit des Herrn hot se omstrahlt; ond nô hen se scho saumäßig Muffasausa kriagt.

Ond dr Engl hot se aber glei beruhigt: Ihr brauchet euch net fürchta! Gugget, i breng euch a Nachricht, die älle Welt gscheid freia wird:

Heut isch en dem Flegga, en dem au scho dr Keenich David uff d' Welt komma isch, der versprochene Rettr gebora worda – ond zwar dr Chrischtus, dr Herr.

Ond so werdet ihr 'n fenda: Des kloine Butzele straggt en Wendla gwigglt en ma stupfiga Fuaderkripple drenna.

Uff oimôl waret om se rom die gaze Hemmlische Heerschara, ond die hen saumäßig gsonga, gfeiert ond globhudlt:

Ehre onserm großa Gott dâ droba – weil der brengt dr ganza Welt Frieda ond isch mit oendlich viel Liabe für de Menscha dâ.

Ond als die Haufa Engele wiedr nuff sen en dr Hemml, hen die Hirta beschlossa: Jetzt semmer neigierig ond ganget gschwend uff Bethlehem ond glotzet amôle, was ons dr Herrgott hot ausrichta lassa.

Schnaufend sen se âkomma ond hen tatsächlich 's Mariele ond dr Josef gfonda, ond drzu no 's Kendle en 'ra Fuadrkripp flagga.

Kaum hen se's gsä, hen se glei verzählt, was ihne dr Engl ieber den kloina Dergl ausgrichtet hot.

Ond älle, die die Gschicht sonscht no gheert hen, hen sich brudaal gwondert.

Em Mariele isch jedes oinzelne Wörtle z' Herza ganga ond se hot emmer wiedr gscheid drieber nachdengt.

Druff sen die Hirta wiedr zu ihre Schäfla zrigg, hen dr Hemmlvaddr priesa ond für älles dankt, was se gheert ond gsä hen – weil's dupfagleich so gwä isch, wie mr's ihne verzählt ghet hot.

Als dr kloi Jesus en Bethlehem uff d' Welt komma isch, war dr Herodes dort en Judäa dr Oberschte, dr Keenich. Kurz druff sen drei schlaue Manna aus em Morgaland en Jerusalem an seim Paläschtle uffkreuzt.

»Mir hen dromma em Morgaländle en Mordsbriegl von Schdern gsä ond der hot ons zeigt, dass mr hier dr neugeborene Keenich, dr Erlöser von älle Menscha fendet. Jetzt semmer dâ ond dädet gern wissa wella, wo – weil mir möchtet 'n gscheid âbäta.«

Wo dr Herodes dees gheert hot, isch 'r arg verschrogga ond mordseifersüchtich worda.

Druff hot 'r glei a paar von seine Schlaubergr gfrôgt, ob die ihm saga könntet, wo der bsondre Rettr zom fenda sei.

Die Hoheprieschtr ond Schriftglehrte hen net lang drom romgschwätzt: Em Buach vom Prophet Jesaja, dâ schdohts ganz genau – des Buale liegt en Bethlehem.

Von dâ dromma soll dr allergreeschte Herrschr komma, wo 's ganze Volk wie en guadr Hirte führa ond âleita wird.

Aber weil dr Herodes eifersüchtig war, hot der Lombakeenich zu de Schdernlesdeutr hälenga gsait: Ganget no glei nieber uff Bethlehem ond verzählet mr henderher, wo genau ihr des Buale gfonda hen, i dädʼs nämlich au gern âbäta. Dabei hot des Schlitzohr em Senn ghet, des Kendle omzombrenga, weil 'r koin Konkurrent näba sich hot han wella.

Nô sen die drei Weise losmarschiert. Ond des Schdernle, wo se scho em Morgaland gsä ghet hen, isch vor ihne her ond hot se direkt bis zom kloina Butzele gführt.

Wo se des älles gsä hen, hen se schier gar nemme könna ond waret völlig aus em Häusle.

Nô sen se nei en dr Schdall, hen tatsächlich den kloina, heiliga, neugeborena Dergl ond 's Mariele vorgfonda, sen nonder uff ihre Knui ond hen 's Jesuskendle âbätet wie en Keenich. Drzu hen au ihre deire keenigliche Gschenk bassd: Gold, Weihrauch ond Myrrhe.

En dr Nacht nô hot ihne em Draum dr Herrgott befohla, nemme beim Herodes vorbeizomgugga. Drom sen se hählenga hendarom uff andre Weg wiedr zriggdabbt, von wo se herkomma sen.

Dr kloi Jesus aber isch xond uffgwachsa, hot seine Eltra ond em Hemmlvaddr arg viel Fraid gmacht – ond war für d' ganze Welt von Âfang â en großer Säga.

***

MITWIRKENDE

MARIA

Jong. Jongfrau. Ond oms Nomgugga Muadr von ma ganz bsondra Jonga. Guad glaibig ond guadglaibig. Hot's net komma seha.

JOSEF

Zemmermâ. En guader Schaffer. Verliebt, verlobt, verdutzt. Treu ond net nachtragnd. Spezialität: Holzmeebl ond lange Disch für 12 Persona.

ERZENGL GABRIEL

Gflügldr hemmlischr Bote für ganz bsondre Âglegaheita. Gschickt, gschwend ond saumäßig zuverlässig. Spitzname: Engl Force One.

KAISR AUGUSCHTUS

Erschter römischer Kaiser von 31 vor Chrischtus bis 14 nach Chrischtus. Hot sich d' allererschte Volkszählong ausdengt. Organisationsweltmoischdr.

STATTHALTR QUIRINIUS

Muaß d' Volkszählong en Judäa durchführa. Hätt liabr schee faul Urlaub gmacht. So a bleeds Gschäft hätt 'r sich gern schbara wella.

HIRTA

Naturburscha. Emmer an dr frischa Luft. Liebet ihre Schääfla ond schbielet gern Määähmory. Erfendr vom Nordig Walking mit ihre Schdegga.

SCHOOF

Könnet mäha ond mäha. Lasset sich schära ond schäret sich om nix. Sen oft amôle Opfr. Ab sieba Viechr secht mr Herde. Moddo: Mir schaafet dees!

HEMMLISCHE HEERSCHARA

Machet gern amôl en Fläschmob uff Erda – ond nô deen se jauchza ond jubla ond senga – ond machet La Ola ond feiret dr Hemmlvaddr.

KASCHBAR

Dr jüngschte von de drei Schderndeutr. En ma greena Kiddl aus Afrika uff seim Elefäntle âgreist. Hot a paar Bixle Myrrhe mit an d' Krippe brocht.

MELCHIOR

Rüschtigr bärtigr Senior mit saumäßig viel Gold em Säckle. Goht manchmôl dr Gaul durch. Rot, rot, rot sen älle seine Kloidr. A klois Käpsele.

BALTHASAR

Hot zwelf Päckle Weihrauch onder seine blaue Klamotta gschmugglt. Hoimatländle Asien. Hot a Kamel mit Höggr ond kriagt oft dr Häggr.

HERODES
Führt als zuaschdändigr Keenich für Judäa, Galiläa ond Samaria 's Geburtsregischter. En ganz henderfotzichr Kerle. Hot koin Bock uff Konkurrenz.

HOHEPRIESCHTER
Direktr Draht nach oba. Empfangt oimôl em Jahr em Allerheiligschta midda em Templ schdellverträtend für älle vom Hemmlvaddr d' Vergäbong.

SCHRIFTGLEHRTE
Wisset fascht emmer älles. Oder wisset, wo mr en de alde Papyrus nachgugga muaß. Om koi Antwort verläga. Checker vom Necker bzw. Jordan.

OX
A echts Rendvieh. Ond a nadierlich-biologische Zugmaschee von de Baura. Au so a tipischs Opfrtierle em Alda Deschdamend.

ESL
Günschtigr Laschtaträgr, wo net viel zom Saufa ond Fressa braucht – dâ kâ mr schbara. Oft bleed, stur ond bockig. Nô muasch selbr laufa.

JESUS
Filius vom Herrgöttle. Erlösr. Hot viel mit Wassr, Wai, Brod, Fisch ond Holz zom do. Ohne Sünda. Sauberer Kerle. Emmer für oin dâ.

Margarethe von Brandenau

HEXENKUNST

Wissen aus dem Mittelalter.

W0295030

Impressum

© Tinka
Cover: © Tinka
Alle Rechte vorbehalten.
Veröffentlicht: Juni 2017
ISBN: 9781521493618
Imprint: Independently published

Übersetzt aus dem Mittelhochdeutschen von Tinka.

Allen bekennenden Hexenschwestern gewidmet.

Inhaltsverzeichnis

Vorwort

Abschrift eines höchst seltenen Buches, welches von unserer Heiligen Frau Walpurgis zu Heidenheim geschrieben ward. Margarethe von Brandenau hat dieses Buchlein gefunden und in unserem neuen Lande Salzburg unter Erzbischof Heinrich von Pirnbrunn im Namen des Herren und der heiligen Jungfrau Maria abgeschrieben. Der allmächtige Gott behüte alle Weiber. Sei gewarnt, halte es dem Manne fern!

Als ich es in Händen hielt, konnte ich es kaum glauben. Eine Abschrift des vermutlich einzigen überlieferten Hexenlehrwerks aus dem Mittelalter. Längst verschüttet von der Zeit waren die Sprüche, Zaubereien und Tränke bis heute nahezu unbekannt. Dies soll sich mit dieser Neuauflage des Vorwissens unserer Urahninnen ändern.
Die älteste gesicherte Quelle dieser Schrift ist eine gewisse Margarethe von Brandenau, die angibt das Wissen ihrerseits von der Heiligen Walpurga geerbt zu haben. Da Walpurga von Heidenheim rund 600 Jahre früher lebte, wird hier davon ausgegangen, dass Margarethe von Brandenau eine Nonne war, die das hier vorliegende Werk in einem Kloster entdeckte und zur Bewahrung des Wissens neu abschrieb.

An Aktualität hat das Buch kaum etwas eingebüßt und kann der Hexe von heute noch viele gute Dienste leisten. Wie alt die Tradition dieser Zauber wirklich ist, lässt sich nicht mehr rekonstruieren, deshalb wurde die Schrift originalgetreu abgedruckt. Das Deutsch wurde im Sinne der leichten Lesbarkeit an das heutige angepasst.

Auch wenn sich die weisen Frauen des Mittelalters, deren Taten hier drin verzeichnet sind, noch nicht als Hexen gesehen haben oder sich gar vor solch einer Anschuldigung hüten mussten, so wussten sie dennoch schon um die Notwendigkeit, ihr Wissen im Geheimen zu bewahren. Sich mit Hilfe kleiner Tricks und ein bisschen Magie das Leben als Frau zu erleichtern, war der erste Schlüssel zu einem selbstbestimmten Leben.

Zaubersprüche

Maskenzauber

Ein Zauber um auch unter Bekannten nicht erkannt zu werden. Suche dir ein Blatt, das so groß wie dein Kopf ist und brich es am Stil ab. Sogleich, wenn der Saft noch fließt, male mit Kohle dieses Zeichen darauf:

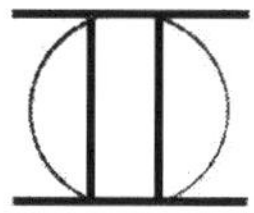

Nun sprichst du die Worte:

Heimeligen swart min Litze, wann jedern man druber gitze.

Jetzt lege dir das Blatt mit dem Zeichen nach oben aufs Haupt und setze deinen Hut darüber. Sprich die Worte wann immer sie dir im Geist erscheinen neu aber achte darauf, dass dich keine Seele hört.

Der Seele eines Gehängten Frieden bringen

Schneide ein Stück vom Strick und wirf es in einen schnell fließenden Bach. Sprich dabei:

Strecken sult das Bant der große Gott und tirren wann gerettet das Sunderlin.

Zünde beim nächsten Kirchgang ein Licht an, es muss keine echte Kerze sein.

Spiegelversteck

Willst du einen Gegenstand verstecken, so lege ihn hinter eine spiegelnde Fläche. Sprich dabei die Worte: Fuchfich, dis Versteck nieman je enddeck.

Furunkel heilen

Nimm vom Löwenzahn den Saft und reibe ihn auf den Furunkel. Tu das jeden Tag. Willst du die Wirkung verstärken so bete zu unserem Gott: **Wie unsere Sünden durch Jesus schwanden, so schwindet auch diese Warze.**

Einem Kranken Linderung verschaffen

Einem Kranken verschaffst du Linderung indem du ihm sagst, er soll das Wort *Abrakadabra* aufsagen und immer einen Buchstaben vom Ende weglassen. Anschließend muss er das sagen und wieder einen Buchstaben hinzufügen bis er wieder *Abrakadabra* sagt. Fieber wird schwinden und schlechte Säfte werden den Körper verlassen.
Wunden reibe mit Hasenschmalz ein. Sogleich wird das schlechte Fleisch herauseitern.

Zauber für eine sichere Überfahrt

Fährst du mit dem Schiff und kommt ein Sturm auf, so nimm schnell ein Seil und rufe den Ostwind und sprich: Euros ich banne dich und deine Kraft in diesen Knoten. Mache einen Knoten bei diesen Worten in das Seil. Dann rufe den Südwind und sprich: Notus ich banne dich und deine Kraft in diesen Knoten. Dann rufe den Westwind und sprich: Zephiros ich banne dich und deine Kraft in diesen Knoten. Dann rufe nach Norden und sprich: Boreas ich banne dich und deine Kraft in diesen Knoten. Wenn du alle Knoten gemacht hast, so wirf das Seil ins Meer und fahre unbesorgt weiter.

Gesundbeten

Hat sich jemand das Bein gebrochen oder ein Tier einen Knochen verletzt, so bleibe die ganze Nacht wach und sprich die Worte unserer Ahnen: **Bin unt bluot und glid. Bin zi Bin, bluot zi bluot, glid zi glid, als wan si gelimet sin.**

Es mögen dir die Weiber des Hauses helfen. Und alle sollt ihr so sprechen.

Wenn jemand eine blutende Wunde hat, so magst du sprechen: **Bluot sta stil, wann ich das wil. Bluot sta in lip. Bluot ni mer fliet. Bluot mac heilen, bluot soll weilen.**

Unfruchtbarkeitszauber

Trage ein rotes Band an deiner Lende und warte bis zum Neumond. Wenn du dir ganz sicher bist, so entzünde eine Flamme und schneide das Band entzwei. Vergrabe die beiden Teile weit voneinander entfernt.

Willst du einem Mann seine Kraft rauben, dann sammle etwas von seinem Samen und verbrenne ihn anschließend in einem sehr heißen Feuer. Sprich dabei: **Mit dem feuer sul vergan, din Manneskraft und hangen von nun an.** Wiederhole diese Worte dreimal und spucke anschließend in die Flammen.

Wünsche erfüllen

Hast du einen großen Wunsch, so nimm eine Zwiebel und mache mit Kohle das passende Zeichen darauf.

Kind: 

Geld: 

Gesundheit: 

Mann: 

Frieden: 

Nun pflanze die Zwiebel an einer guten Stelle ein. Gehe dreimal rechtsherum um die Zwiebel und sprich bei jeder Runde drei Mal: **Zwiebelein du weißt, was ich will. Zwiebelein du wächst wie ich will, Zwiebelein du bringst, was ich will.**

Nun pflege die Zwiebel und je größer sie wird, desto besser wird die Wunscherfüllung sein.

Wetterzauber

Willst du Hagel von deinem Haus fernhalten, so koche einen süßen Brei und würze ihn mit Rosinen. Lasse die Rosinen einzeln in den Brei fallen und sprich dabei: **Hagele blib bei di Bahm**.

Sodann gehe hinaus in die Welt und gehe ein Stück bis du dein Feld und dein Haus nicht mehr sehen kannst und vergrabe den Brei bei Neumond an einer Wegkreuzung.

Bannen von Ungeziefer

Willst du Ungeziefer aus deinem Haus verbannen, so frage den Priester nach etwas heiligem Weihrauch. Warte nun bis der Mond an Kraft verliert und gehe nun räuchernd durch das Haus. Deine Familie soll dir folgen. Sprecht: **Käfer, Ratte, Fliegerling solln vergehn geschwind. Raus aus dem Haus. Raus aus dem Haus. Raus aus dem Haus.**

Wiederhole das, bis das Ungeziefer verschwunden ist.

Engel anrufen

Einen Engel kannst du rufen, wenn du in Not bist. Warte auf einen sehr stillen Abend und setze dich mit einer weißen Kerze in die Küche. Achte darauf, dass dich niemand stört. Du musst ganz in Ruhe sein. Male mit Kreide einen Drudenfuß unter die Kerze und stelle sie in die Mitte, damit kein böser Geist den Weg zu dir findet. Entzünde die Kerze in Dunkelheit und falte die Hände zum Gebet. Nimm dir einen Moment Zeit und denke an all deine Sorgen und daran, dass du Hilfe brauchst. Nun sprich folgendes Gebet: **Einen guten Engel rufe ich, einen Beschützer brauche ich. Stelle dich hinter mich guter Engel und hilf in meiner Not Engel. Mein Herz ist bei dir und Gott. Errette mich aus aller Not. Komm herbei mein guter Engel und höre mein Gebet Engel.**

Wiederhole diese Worte bis du spürst, dass ein liebevoller Engel bei dir ist. Glaube mir, er wird kommen. Wenn er erscheint oder du seine Liebe spürst oder du seine Stimme in deinem Kopfe hast, so bedanke dich sehr oft und sehr höflich. Dieser von Gott gesandte Engel wird dir nun zuhören. Du bist ab jetzt nicht mehr allein.

Hast du deine Not überstanden, so setze dich erneut mit einer weißen Kerze in deine Küche. Male mit Kreide den Drudenfuß unter die Kerze und nimm dir einen Moment der Stille. Sprich ein Dankesgebet an den Engel und an Gott und schenke einem armen Menschen eine Münze.

Alterschwäche lindern

Willst du einem alten Menschen einmal Kräfte geben, so führe ihn in den Stall und lasse ihn seine Hand auf die Seite eines starken Tieres legen. So betet gemeinsam: **Tush di kraf und denne mach den alden wieder springen und lingen**.
So wird die Kraft des Tieres für einen Tag dem Alten gehören, aber hüte dich, Alter, vor zu großer Anstregnung, dies ist ein schlichter Zauber.

Wöchnerinnen Gebet

Heile sei der lip,
guate sei das kint,
frei der not das wip,
und luftig leicht entbint.

Betet das vor der Geburt und während der Geburt. Der Mutter wird es gutgehen und sie wird ein gesunden Kind zur Welt bringen. Wenn das Kind steckt, so betet erneut.

Einen Gefangenen befreien

Ist ein Mann oder eine Frau gefangen von Leuten, die dem Menschen Böses wollen, so trage ein Stück Kleidung, das diese Person zurückgelassen hat und flechte dir zwei Zöpfe. Sprich dabei: **Min Vater/Bruoder/Man ward gefangen und nieman mag ihn retten, so flecht ich schone zopfen.** Löse deine Zöpfe und sprich dabei: **Fesseln loes ich wie ich zopfen loes.** Wiederhole dies so oft wie möglich.

Segensprechen

Willst du einen Segen sprechen, so halte die Hand über das Haupt des Bittenden und sprich: **Bei Alpha und Omega, du bist geweiht und wirst durch Gottes Gnade Frieden und Wohlstand finden. Amen. Amen. Amen.**

Dies ist ein sehr einfacher Zauber, aber der Bittende wird es mit großer Freude und Ehrfurcht hören und Frieden im Herzen finden.

Tränke

Die Folgen einer Liebschaft verstecken

Warst du deinem Manne untreu so mische diesen Trank:

1 Becher Rotwein

von der Lavandula ein paar Blüten

vom Heiligen Johanneskraut drei Triebe

Mische alles gut durch und seihe die Pflanzen ab. Reiche diesen Trunk so oft du kannst deinem Manne und lege dich mit ihm zu Bett. Dein Kind wird bald das seine sein.

Schönheitstrank

Stampfe Ackerschachtelhalm und Frauenmantel und Kerbel und Löwenzahn und mische das mit etwas Öl. Erhebe dein Herz zur reinen Jungfrau Maria und bedecke dein Gesicht mit diesem segensreichen Schlamm.

Oder stelle eine Schale Honig in die Mittagssonne. Zeichne zuvor das Zeichen unseres Herrn auf den Grund dieser Schale und sprich ein Vaterunser sobald die Strahlen der Sonne auf den Honig treffen. Mische ihn dann mit Milch und reibe es auf dein Gesicht, wenn du schlechte Säfte hast.

Schlankheitstrank

Steckt dir das Essen im Bauch, so braue diesen Trank: von der Schafgarbe und vom Wermut sollst du die oberen Pflanzenteile zerstoßen und mit rotem Wein vermischen. Trinke wenn dein Bauch dich quält.

Schlaftrunk

Kannst du oder dein Kind nicht schlafen, so nimm etwas Mohn und Baldrian und Johanniskraut und mische das in Milch.

Wahrheitstrank

Ein halbes dutzend Humpen voll von Zucker, einen Humpen Gärpilz, einen Humpen Wasser und einen Humpen rohe Kartoffelscheiben mische zusammen und decke alles ab. Stelle das Gemisch im Sommer in die Sonne und lasse es so bis einmal Sonntag war. Dann erhitze das auf kleiner Flamme und lass den Dampf in einen Bottich tropfen. Dieser Trank wird dem schweigsamsten die lustigsten Worte entlocken. Trinke aber nicht selbst davon.

Einem Manne Kraft ins Glied schicken

Hast du einen alten Mann mit schwacher Kraft, so geh an einem sehr heißen Tag in den Wald und sammle die Rinde der stärksten Kiefer die du findest. Sogleich braue daraus einen Tee und mache einen Sud. Gib deinem Mann täglich zu trinken und erfreue dich an den Resultaten.

Magische Handlungen

Lykanthropen bändigen

Siehst du oder kennst du einen wilden Mann, der auch die Wolfsgestalt besitzt, so breite in stürmischen Nächten ein weißes Leinentuch über einen Topf. In dem Topf bringe einfaches Wasser zu kochen. Das wird die Winde beruhigen. Sogleich bringe einen schwarzen glänzenden Stein, wie ihn die edlen Frauen tragen (Onyx) und flüstere ihm drei Mal den Namen des Mannes zu, der wild ist. Kennst du seinen Namen nicht, so sage, wo du ihn sahst und nenne den Namen Gabriels. Du musst den Stein dabei ganz fest in deinen beiden Händen halten. Dann legst du ihn auf das leinerne Tuch über dem Topf.

Zieht der Stein das Tuch ins Wasser, so sei unbesorgt. Bleibt der Stein auf dem Tuch liegen so musst du ihn mit einem Auszug aus Binsenwasser übergießen. Hast du alles richtig gemacht, so bleibt der wilde Mann auch bei Sturm und Nacht ruhig.

Schutzzauber

Mache es wie unsere Mütter. Zeichne dies

an jede Tür und jedes Fenster. Unheil kann nicht über die Schwelle deines Hauses.

Einem Manne entfliehen

Einen aufdringlichen lustheischenden Mann wirst du so los: Reiße ihm ein Stück Stoff vom Gewand ab, das mit seinem Schweiß getränkt ist. Dann reibst du es am Bachufer im trockenen heißen Schlamm. Wenn der Mond an Kraft verliert schleife ein Messer bis es möglichst scharf ist und dann gehst du in der Nacht vor sein Haus. Dort lasse dein Körperwasser auf diesen Stoffstreifen und schneide ihn dann mit dem Messer entzwei. Die klinge muss dabei in Richtung des Mannes und nach oben zeigen. Hast du das getan, legst du ihm einen Teil auf die Türstock und die andere wirfst du bei dir auf den Misthaufen. Seine Lust wird schwinden.

Fruchtbarkeitszauber

Willst du ein Kind empfangen, dann pass gut auf: Wie auch beim Vieh wird auch das Weib nur tragend, wenn Gott es will. Du darfst nicht beim Manne liegen, wenn du blutest. Eine Woche nach dem Ende deines Blutes gehe mit mindestens zwei Frauen, die schon geboren haben an einen Teich. Wenn du nicht willst, dass dich jemand sieht, so geht nachts. Stellt euch bis zum Bauch ins Wasser. Alle halten deinen Bauch und beten.

Die Frau mit den wenigsten Jahren wäscht deinen Bauch und die Frau an meisten Jahren bedeckt deinen Bauch mit Öl. Wenn du einen Sohn gebären möchtest, so reibe deinen Bauch zusätzlich mit Erde ein. Lege dich mit Freuden zu deinem Mann.

Tiere beherrschen

Willst du ein Tier beherrschen so male dieses Zeichen

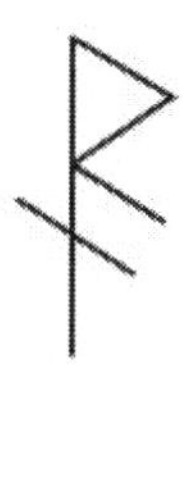

auf das Tier und mische ihm deinen Schweiß ins Wasser oder Futter. Es wird dir zahm sein.

Tiere verstehen

Um Tiere zu verstehen benötigst du Honig, Butter, Nüsse klein gemacht, Salviablätter und Pulver des Glassteins (vermutlich Bergkristall). Mische alles und forme kleine Kugeln so groß wie dein Daumen. Am Abend gibst du eine Kugel dem Tier und eine isst du selber, sodann schlafe bei dem Tier. Wenn nötig wiederhole das.

Kur gegen Einsamkeit

Nimm ein Holzscheit und ritze ein Zeichen ein für dich. Bist du alleine und willst du Freunde haben, so ritze ein Zeichen neben deines. Wenn dieser Freund erschienen ist, so nimmst du wieder den Holzscheit und ritzt noch ein Zeichen neben deines. Wenn dieser Freund erschienen ist, so ritzt du ein neues neben dein Zeichen und so fort. Hast du genug Freunde gefunden, so verwahre dieses Holzscheit gut, denn wird es verbrannt, können deine Freunde dir entfliehen.

Erntesegen

Willst du sichergehen, dass dein Feld fruchtbar ist. So sammle Erde aus allen Himmelsrichtungen und mische diese mit Wein, Milch und etwas Honig. Nun gehe auf das Feld und streue Blumen aus. Warte dort auf deinen Mann und segnet nun das Feld. Wie du den Samen deines Mannes empfängst, so empfängt die Erde die Samen der Pflanzen. Trinkt beide von dem Gemisch und lasst einen schwarzen Hund die Grenzen des Feldes abschreiten. Bist du sehr reich, so kannst du dazu eine feine Linie mit Salz um das Feld ziehen. Nun brauchst du dir keine Sorgen mehr wegen der Ernte machen.

Geldzauber

Braucht du Geld so sorge dich nicht. Nimm eine Münze echten Geldes küsse sie in der Morgenstunde und danke Gott, dass du sie hast. Danke Gott zu Mittag und danke Gott zu Abend, dass du Münzen hast. Dann gehe hin und schenke die Münze einem Armen in Gottes heiligem Namen.

Liebeszauber

Willst du einen Mann in dich verliebt machen, so bereite ihm einen wohlschmeckenden Trank. Du kannst Gewürzwein verwenden oder Honigwasser. Mische nun ein klein wenig deines Frauenschleimes unter und sei unter seinen Augen, wenn er davon trinkt. Er wird dich von nun an begehren. Doch vorsicht! Verwechsle Lust nicht mit dem Eheversprechen!

Große Gefahr

Wenn du denkst, du seiest in großer Gefahr. Nimm deine Sense und trage sie in den Wald. Dort bedecke die Klinge mit viel Erden. Sie darf nicht in Richtung deines Hauses zeigen. Bette etwas Thymian darüber und kehre um. Laufe zurück zu deinem Haus, drehe dich aber auf gar keinen Fall um.

Hirtenspruch

Willst ein guter Hirte du sein und deine Schafe stets beisammen halten und geschützt wissen vor Wolf und Bär, so schnitze dir einen recht schönen Hirtenstab und dann am Griff fügst du folgende Zeichen hinzu:

Unsichtbarkeitszauber

Nimm vom Fuchs den Pelz, und lege ihn um deine Schultern nachdem du folgendes gemacht hast:
Gehe in die Berge und suche das kleine Volk. Du findest es leichter bei Nacht und leicht bei Feenkreisen aus Pilzen. Dort tanzen und spielen sie ihre Lieder. Nähere dich behutsam. Wenn sie dich zuerst entdecken, musst du tanzen bis deine Füße bluten. So überrasche sie und wirf gleich den Fuchspelz in ihre Mitte. Rufe in drei Tagen kommst du wieder, bis dahin muss der Pelz ein Tarnpelz sein, sonst kommst du mit Hunden und Säuen und machst ihr Dorf nieder. Laufe sogleich davon.

Am dritten Tage aber bleibe zuhause und gehe erst am vierten wieder hin. Nimm ein Schälchen Milch mit Honig als Dank mit dir. Und nimm den Fuchspelz wieder an dich. Verneige dich auch vor ihrem König oder ihrer Königin, damit sie nicht dich oder deine Kinder später aus Wut verfolgen.

Hexenzeiger

Willst du schädliche Hexen erkennen, so trage Johanniskraut an deinem Herzen. Sprichst du mit einer Frau und es beginnt ganz fürchterlich zu jucken, so weißt du, wer sie ist. Gehe deiner Wege und lass sie andere Menschen bereden.

Schutzzauber in der Schlacht

Nimm das Schulterblatt eines geschlachteten Tieres und male dieses Zeichen darauf:

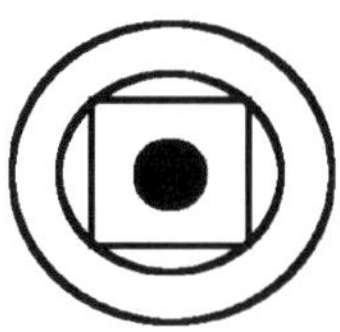

Sodann sprich dem Schulterblatt den Namen des Mannes ein, den du vor Wunden schützen möchtest. Wiederhole den Namen so oft es geht. Nun gehe zu einem Baum und hänge das Schulterblatt an den Baum. Jeder Pfeil mag nun den Knochen an seiner statt treffen und jeder Schwerthieb dem Schulterblatt gelten und nicht dem Mann.

Amulett gegen den Bösen Blick

Auf dem Markt findest du bestimmt ein kleines Stück Blech. Schneide ein rundes Stück aus. Nun nimm ein Messer und ritze ein Auge so wie dieses hinein:

Man sagt der Zauber kommt aus einem sehr fernen Land, wo jeder Mensch solch ein Auge hat.

Einen Fluch brechen

Weißt du, dass du verflucht bist, dann musst du alles absuchen, wo du täglich gehst und stehst. Du musst die Quelle des Fluches finden. Oft ist es eine Strohpuppe, die ein niederträchtiger Mensch dir ins Haus gelegt hat oder ein Tier, dass auf grausame Weise für den Fluch verenden musste. Auch wenn du ein seltsames Stück Geschriebenes findest, so verbrenne all das gleich im heißesten Feuer.

Wenn du nichts findest, dann mache eine Puppe aus Stroh und locke den Fluch auf diese. Und das geht so: Du nimmst diese Puppe überall hin mit, wo du gehst und sagst ihr zuvor ins Ohr, dass sie allen bösen Zauber in sich aufnehmen soll. Trage diese Puppe mit geschützten Händen und verbrenne anschließend auch diesen Schutz.

Schutz für Kinder vor Krankheiten und Ungemach

Nimm einen Faden und gib verschiedene Dinge darauf: Eine Glasperle gegen Krankheiten aus schlechter Luft, eine Knochenperle gegen irdischen Ungemach, eine Tonperle gegen Knochenbrüche, eine Holzperle als Schutz vor den Wesen und Geistern des Waldes und eine Muschel, damit dein Kind nicht ertrinken kann. Das knotest du fest um das linke Handgelenk deines Kindes. Wenn eine der Perlen zerbricht, so ersetze sie schnell, denn dann hat sie das Unheil deines Kindes auf sich genommen.

Frieden mit dem kleinen Volk

Hast du das kleine Volk verärgert oder lebst du an einer Stelle, die ihr euch teilt, so achte auf ihren Raum und nimm nicht zu viel. Stelle ihnen jeden Abend Brei oder Milch und Honig vor die Tür. Nicht lange und du wirst ebenfalls kleine Geschenke erhalten. Aber sei vorsichtig, versuche nicht, sie zu sehen oder zu treffen, denn das kann sehr gefährlich sein.

Einen mächtigen Mann gefügig machen

Willst du dir einen mächtigen Mann gefügig machen, so tritt ihm unter die Augen ohne zu sprechen. Bleibe so weit entfernt, dass du ihm in die Augen sehen, er aber nicht mit dir sprechen kann. Entziehe dich der Gesellschaft sobald du merkst, dass er deinen Blick sucht.
Sodann warte, bis er dich fast vergessen hat und wiederhole dasselbe. Und wiederhole das wieder. Wenn du hörst, dass er nach dir fragt, so wirst du bald erfolgreich sein. Tut er das nicht, konzentriere dich auf einen anderen Mann.
Nun musst du dich sputen, ihn zu überrraschen. Wenn du weißt, wo er hingehen wird, dann sei zuerst da und warte auf ihn. Sprich aber nicht, sondern reiche ihm nur einen wohlschmeckenden Trank, in den du dreimal gespuckt hast. Sprich erst, wenn er getrunken hat. Tauscht nun Worte der Liebe aber verrate ihm nicht, wer du bist und woher du kommst. Laufe davon, wenn es am Schönsten ist. So machst du einen Mann rasend nach dir.

Schwindsucht heilen

Heile Schwindsucht mit Bier. Lasse den Kranken sehr viel gut gegärtes Bier trinken. Du kannst zusätzlich auch Brot der Italiener geben. Es soll nur schön groß geworden sein.

Schmiedewerk verstärken

Willst Schmiedewerk du verstärken und Schild oder Schwert oder Schnalle du festigen für den Kampf, so verbrenne drei Locken einer reinen Jungfer im Schmiedefeuer und tauche das heiße Eisen in heiliges Öl, das von einer weisen Frau mit drei Wassern vermischt wurde: nämlich Wasser aus Lorbeer, Eisenhut und Tollkirsche.

Blütenzauber für den Garten

Nutze die Wirkung der Tiere. Sammle den Dung deines Pferdes und zerreibe ihn. Lasse ihn in der Sonne trocknen und dann im Frühjahr bringst du den Dung unter die Pflanzen, die besonders schön blühen sollen. Dann gießt du etwas Bier nach und wässerst stark. Bald wirst du den schönsten Garten haben.

Zukunftsschau

Nimm einen Bottich, den keiner vermisst und gehe nachts in die Küche. Fülle den Bottich mit Wasser und stelle ihn vor die Glut des Feuers. Nun setze dich davor und blicke ins Wasser. Übe dich darin, bald wirst du die Zukunft auf dem spiegelnden Wasser erkennen können. Lasse dich nicht dabei erwischen. Wenn du durch ein Geräusch gestört wirst, so wirst du in dieser Nacht nichts sehen können.

Einen Nachtmahr austricksen

Willst du einen Mahr austricksen, so reibe ein Tuch an deiner besten Ziege und hänge dieses Tuch in deine Schlafkammer. Ihr Gestank wird deinen Geruch überdecken, so kann der Nachtmahr dir nicht mehr gefährlich werden. Will er dir die Haare verknoten oder dir die Glieder niederdrücken, so dass du sterben musst, so wird er sich der Ziege nähern und ihr Unheil bringen. Aber wisse: Mahre werden von bösen Weibern geschickt. Deshalb nimm dir nie einen verheirateten Mann oder betrüge eine Frau beim Handel.

Angst nehmen

Hast du Angst vor Gefahr, so binde dir oder deinem Kind eine Hasenpfote an die linke Hand. Unglück kann dich nicht treffen, weil du so schnell wie ein Hase sein wirst. Unheil aber ist langsamer.

Zaunreiterinnen die Macht nehmen

Siehst du am Abend eine Zaunreiterin auf deiner Hecke sitzen, so verzage nicht und handle schnell. Nimm vergorene Milch und gib etwas Essig dazu. Damit verjagst du die Zaunreiterin, indem du danach trachtest die Mischung auf sie zu schütten. Ist sie entflohen, so füge dieser Mischung noch Salz hinzu und ziehe damit eine Grenze zu deinem Haus und Hof.

Fälscher entlarven

Will dir ein Mann etwas verkaufen und du traust seinem Urteil nicht, dann nimm eine Schale reinen Quellwassers und lege das Gold oder den Stein hinein. Dann nimm ein Lot wie es die Landvermesser benutzen und halte es still über das Wasser. Zeigt das Lot einen Rechtskreis, so ist alles in Ordnung. Gebärdet sich das Lot in deiner Hand anders, so musst du den Mann fortjagen.

Beherrschen der Elemente

Du kannst Feuer beherrschen, wenn du fleißig bist. Beginne mit einer einfachen Kerze. Nimm dir Zeit und lasse sie durch die Kraft deiner Hände in der Größe wachsen. Kannst du die Flamme größer oder kleiner machen, so nimm das Herdfeuer und versuche ihm zu befehlen. Wenn du darin bereits gut bist, so nimm eine Fackel und versuche sie im Wind zu beherrschen. Übe so lange weiter, bis du auch in schlimmen Situationen sicher bist.

Dämonische Besessenheit und Hexenschuss

Ist ein Mensch von einem Dämon besessen und du willst nicht, dass der Priester es erfährt, so nimm etwas Weihwasser vom Kirchgang mit und tauche einen Rosmarinzweig in das heilige Wasser. Bestreiche damit die besessene Person oder eine Person, die einen Hexenschuss hat und rufe dabei immer: **Weichet Teufel weichet. Hinfort und Hinaus!**

Hole dir Hilfe, wenn die Person festgehalten werden muss. Wird es nicht besser, so höre auf zu streichen und schlage nun mit dem Rosmarinzweig. Spricht die Person plötzlich eine fremde Sprache, so erschrick nicht und tue weiter das, was ich dir sagte.

Erschlafft der Körper ist er gereinigt. Nun schütze ihn mit einem Amulett und mit einem Birkenstab, in den du folgendes ritzt:

Lästermäuler zum Schweigen bringen

Pflücke Lavendel und Schafgarbe unter dem Sternbild der Jungfrau und bete dreimal zu Gott. Trage diese Kräuter bei dir und du kannst nicht mehr geschmäht werden, wenn jemand dennoch üble Rede über dich spricht, so wird er von Gott gestraft werden und einen Ausschlag bekommen.

Mehr Milch

Willst du, dass deine Kühe mehr Milch geben, so singe ihnen am Sonnabend Kirchenlieder vor, die den Herrn preisen. Singe am nächsten Morgen erneut. Mache das jede Woche so.

Zukunftssausen

Willst du etwas über die Zukunft erfahren, so gehe auf eine Anhöhe und setze dich dort hin. Nun musst du sehr still sein, denn wenn du zu Gott betest und wissen willst, was bald passieren wird, so musst du jetzt dem Wind lauschen. In seinem Säuseln kannst du Gottes Worte vernehmen. Sprich zu niemandem darüber und schweige.

Levitation

Die Levitiation ist eine sehr gefährliche Sache. Wirst du dabei gesehen, so wird man dich jagen. Willst du es dennoch versuchen so setze dich mit überkreuzten und angezogenen Beinen auf die Erde. Du musst im Kopf leicht wie Luft sein und darfst nichts denken.

Manche sagen, sie fliegen mit einer speziellen Salbe, die aus zerstoßenem Horn und einem Pilz gemacht ist, aber ich habe schon Menschen gesehen, die dann nur glaubten zu fliegen. Mache dir keine Hoffnungen. Gott gewährt nur sehr wenigen Menschen die Kunst des Fliegens, es ist schließlich den Engeln vorbehalten.

Giftheilung

Hat dich eine giftige Schlange gebissen, so nimm Öl in den Mund und sauge dann das übelriechende Gift aus der Wunde. Spucke es sogleich in eine Grube und häufe Erde darüber. Bedecke die Wunde mit Honig und singe ein Gebet.

Schatzzauber

Willst du einen Schatz finden, so sagen unsere Mütter, sollst du die Astgabel einer Birke nehmen und vor dich halten. Nun gehe durch den Wald und wann immer die Rute zuckt, grabe tief. Nun ist das aber eine Beschäftigung für junge Toren. Ich sage dir, lass die arme Birke und suche den Schatz in der spiegelnden Oberfläche am Feuer.

Weisssagen mit dem Würfel

Willst du mit Freuden deine Zukunft lesen, so nimm drei Würfel. Nun würfelt und jeder muss das akzeptieren, was er gewürfelt hat. Du darfst nicht erneut würfeln.

Der erste Würfel zeigt dir mit seinen Augen an, wer die Person ist.

1: du selbst

2: dein Vater

3: deine Mutter

4: dein Kind

5: ein Freund

6: eine herrschende Person

Der zweite Würfel zeigt dir mit seinen Augen an, wo es passieren wird.

1: im eigenen Haus

2: im fremden Haus

3: in der Öffentlichkeit

4: auf Wanderschaft

5: bei der Arbeit

6: im Schlaf

Der dritte Würfel zeigt dir mit seinen Augen an, was passieren wird.

1: ein großes Glück

2: ein großes Unglück

3: du bekommst Geld/Geschenk

4: jemandem geht es schlecht

5: eine Krankheit wird heilen

6: Gott segnet dich

Putzzauber

Willst du dein Haus von Schmutz befreien, so kehre an Neumond die Stube aus und koche einen Tee aus frischem Klee und Weidenzweigen und schrubbe damit den Fußboden.

Schwarzer Zauber

Wenn du hörst, dass jemand bei schwächer werdendem Mond Gebete unseres Herrn rückwärts spricht, so eile, dass du fortkommst von diesem Ort und halte dich von solchen Menschen fern. Sie wollen anderen schaden!

Jahresfeste und ihre Rituale

Samhain

Kommt das Jahr zu Samhain (31.Oktober) so öffnen sich die Schranken in unsere Welt und die Toten tanzen. Schütze dein Haus und dich mit fürchterlichen Grimassen und räuchere dabei das Harz der Fichte. Willst du mit einem Verstorbenen sprechen, so nehmt euch an den Händen und kniet nieder in einem großen Drudenfuß. Betet zu Gabriel und lasst ihn den Toten an die Grenze führen. Du wirst seine Stimme vernehmen. Räuchere zusätzlich weißen Salbei und Weihrauch, damit sich der Nebel verdichtet. Sprich nun, wie du begehrst.

Mittwinter

Darauf folgt nun Mittwinter (21.Dezember), dem Fest der langen Nacht. Die Sonne scheint nun ganz weit weg und klein. Nutze dieses Fest, um dir und deiner Familie im Winter Mut zu machen und schmücke das Haus mit grünen Zweigen der Tanne und Fichte. Entzünde viel Licht an diesem Tag und sprich: So viel Licht heute brennt, so viel Sonne soll in diesem Frühjahr folgen. Mische einen wohlschmeckenden Trunk aus Wein und Nelken und Winteräpfeln und trinkt diesen heiß. Er wird eure Herzen erwärmen und eine schöne helle Nacht bescheren.

Imbolc

Der Tag der Brigid (2.Februar) wird von unseren Müttern für die Weihung von weisen Frauen genutzt. Hast du eine Schülerin in dieser Kunst oder der Heilkunst mit Kräutern, so prüfe sie an diesem Tag und wenn sie ihre Lehren gut weiß, so schenke ihr einen geweihten Kranz aus Zweigen. Sie darf von nun an Gutes an ihren Menschen tun. Lasse sie aber drei Jahre nicht aus den Augen. Du kannst diese Prüfung mit einer Messe feiern und sie soll den Armen eine Spende reichen.

Ostara

Ist im Frühling Tag und Nacht gleich lang, so feiere ein Fest der Fruchtbarkeit (21.März). Alles Leben beginnt neu. Unsere Ahnen sagten Osatara Dank, eine heidnische Göttin, die uns Menschen Leben brachte in einer Zeit vor unserem großen Herrn. Nun kannst du einen Zauber anwenden, damit deine Saat gedeiht. Dein Vieh soll sich mehren, deine Feldfrüchte sprießen und dein Leib soll neue Kinder empfangen. Feiere mit all deinen Freunden und Nachbarn. Wählt einen baum und hängt Geschenke für das kleine Volk daran und tanzt um den Baum und denkt daran, dass jetzt eine fruchtbare Zeit kommt.

Beltane

An Beltane (30.April) hole in den frühen Morgenstunden alle weisen Frauen zu dir. Entzündet ein großes Feuer und heißt den neuen Tag willkommen. Die Schleier zur Anderswelt sind an diesem Tage dünn. Leuchtet dem kleinen Volk den Weg, damit es auch in diesem Jahr die Grenze zur Menschenwelt kennt.

Mittsommer

Der Tag der Sommersonnenwende (21.Juni) ist ein Fest der Mütter. Preise deine eigene Mutter und hilf jeder werdenden Mutter. Opfert schöne Gaben an einem Bach für problemlose Geburten oder helft der Fruchtbarkeit einer Frau auf die Sprünge. Bevor das Sonnenlicht wieder stirbt, sollt ihr Bänder in eine Esche knüpfen und eure Wünsche für den Winter hineinbinden. Kehrt erst im nächsten Jahr zurück.

Lammas

Ist schließlich Lughnasadh gekommen (2.August), sollt ihr beginnen die Ernte mit großen Freuden einzufahren. Schmückt euer Rind und treibt es über die letzten saftigen Wiesen. Wer Geschick besitzt, kann versuchen auf einer Kuh zu reiten. Schafft er es eine Zeit lang oben zu bleiben, so wird er im Winter nicht hungern müssen. Schenkt auch den Armen von euren Feldfrüchten und speist sie an eurem Tisch im Namen des Herrn.

Mabon

Das letzte Fest im Jahresrad ist Mabon (1.September). An diesem Tage musst du dem Herrn für das Jahr Dank sagen und um Frieden im Winter bitten. Versammelt euch zu einem großen Mahl und ladet auch die Armen ein. Backe dazu einen süßen Kuchen mit Früchten und ritze kleine Kreuze in die Kruste. Jeder soll ein Stück mit dem Friedenszeichen Gottes und aller Engel essen.

Nachwort

Die Beschreibung der Festlichkeiten habe ich, Margarethe von Brandenau, den obigen Sprüchen hinzugefügt, damit jede weise Frau sich vorbereiten kann. Mögest du, Leserin, gesegnet sein und in Gottes Namen zum Wohle deiner Brüder und Schwestern handeln und arbeiten. Betet zu Gott.

Amen.

37266409R00031

Printed in Poland
by Amazon Fulfillment
Poland Sp. z o.o., Wrocław